Globish

The World Over

By Jean Paul Nerrière and David Hon

A book written IN Globish

Globish

az egész világ

Jean Paul Nerrière és David Hon

Egy Globish-ul írt könyv

Dlugosz Krisztina

(magyar fordítás)

Globish The World Over

© 2009 Jean-Paul Nerrière and David Hon

US Copyright Registry Case #1-206193066

ISBN-978-0-9842732-2-5

Globish az egész világ

© 2009 Jean-Paul Nerrière és David Hon

Dlugosz Krisztina (magyar fordítás)

US Szerzői Jog Nyilvántartási szám: #1-206193066

ISBN- 978-0-9842732-2-5

International globish Institute

Table of Contents

Tartalomjegyzék

4

Foreword for the Hungarian Translation

Globish The World Over is among the few books that go to the readership with side-by-side translation. It means that the original text and the Hungarian translation can be read next to each other on every page. Thus this book fills a double function. On one hand reading only the right side, the Hungarian translation, the book can give information, and perhaps amusement, to those who speak little or no English. They are interested in an amazing process that is happening in front of the eyes of people in this age: The world has found a common language. It will help all people to communicate with each other, and this language is being called *Globish*.

On the other hand, the side-

Előszó a magyar fordításhoz

A *Globish az egész világ* azon kevés könyvek közé tartozik, amely párhuzamos fordítással kerül az olvasóközönség elé. Ez azt jelenti, hogy az eredeti szöveg és a magyar fordítás minden oldalon egymás mellett olvasható. Így ez a könyv kettős funkciót tölt be. Egyrészről csak a jobb oldalt, azaz a magyar fordítást olvasva a könyv információt nyújt, és talán szórakozást is, azok számára, akik kicsit vagy egyáltalán nem beszélnek angolul. Akik érdeklődnek az az az érdekes folyamat iránt, ami a mai kor embere előtt zajlik: a világ talált magának egy közös nyelvet. Ez segíteni fog mindenkinek, hogy kommunikáljon egymással; és ezt a nyelvet Globish-nak nevezik.

Másrészről, a párhuzamos

by-side translation provides an opportunity to the learners of English -- or perhaps learners of Hungarian -- to use this book as a kind of language coursebook. During the translation, we paid special attention to following the grammatical structure and the phrasing of the original text. It is portrayed accurately to the extent the different structure of the Hungarian language allows us to do so. We hope this method will provide a real opportunity -- in a real language environment -- for the learners of English to follow and recognize elements of English they have learned in school.

fordítás lehetőséget biztosít az angolul tanulók - vagy talán a magyarul tanulók - számára is, hogy ezt a könyvet, mint egyfajta nyelvkönyvet használják. A fordítás során külön figyelmet fordítottunk az eredeti szöveg nyelvtani szerkezetének, szóhasználatának követésére. Ez azon keretek között jelenik meg, amit a magyar nyelv eltérő struktúrája megenged. Reméljünk, hogy ez a módszer valós lehetőséget nyújt - valós nyelvi környezetben - az angolul tanulóknak, hogy kövessék és felismerjék az angol nyelv azon elemeit, melyeket az iskolában megtanultak.

Beginning

What if 50% of the world badly needed a certain useful tool, but only 5% could have it?

Someone would find a way. For example, to solve the problem of talking, they gave us handsets for little money and charge us by the minute. But that only does part of it. What will we *say* to each other?

The English language seems to be the most important communication tool for the international world. But now it must be a kind of English which can be learned quickly and used very easily – not like Standard English. The people who know a little are already using what they know. It works for them – a little. But... they often have families and jobs. They cannot spend enough time or enough money to learn all of English. And English speakers think these people

Bevezető

Mi lenne, ha a világ 50%-nak nagyon szüksége lenne egy bizonyos eszközre, de csak az 5%-a rendelkezhetne vele?

Valaki kitalálna valamit. Például, hogy megoldják a beszélgetés problémáját, kevés pénzért adnak nekünk telefonkészülékeket, majd a percek alapján számláznak. De ez csak az egyik oldal. Mit fogunk *mondani* egymásnak?

Az angol nyelv tűnik a legfontosabb kommunikációs eszköznek a nemzetközi világban. Azonban, ennek olyan angolnak kell lennie, amit gyorsan meg lehet tanulni, és könnyen lehet használni – nem úgy, mint a standard angolt. Azok, akik beszélik ezt egy kicsit, már használják is, amit tudnak. És ez működik is nekik – egy kicsit. De...gyakran családjuk és munkahelyük van. Nem tudnak elég időt vagy pénzt fordítani arra, hogy megtanuljanak mindent

will "never be good enough" in English. It is a problem. We think Globish is a solution.

angolul. És az angol anyanyelvűek azt gondolják, hogy ezek az emberek „sohasem lesznek elég jók". És ez gond. Mi azt gondoljuk, hogy erre a Globish egy megoldás.

Globish has a different name because it is a very different way to solve the problem of learning English. By the standards of the Council of Europe Framework of Reference for Languages (page 64):

Egy külön elnevezésünk van erre az, hogy *Globish*, mert ez egy teljesen más módszer arra, hogy megoldjuk az angol nyelv tanulásának problémáját. A *Közös Európai Nyelvi Refenciakeret* alapelvei szerint (64. oldal):

(Globish speakers) will use an amount of English that makes understanding between non-native speakers and native speakers. They will produce clear, detailed writing on a wide range of subjects and explain their thoughts, giving good and bad elements of various ideas.

A (Globish-ul beszélők) egy olyan szintű angolt fognak használni, ami lehetővé teszi az egymás megértését nem anyanyelvi és anyanyelvi beszélők között. Egyértelműen és részletekbe menően fogják kifejezni magukat írásban a témák széles skáláján, és meg fogják tudni magyarázni gondolataikat, különböző elképzelések pozitív és negatív elemeinek bemutatásával.

This book is *about* Globish and to demonstrate its value, we'll write this book for you *in Globish.*

Ez a könyv a Globish-ról szól, és hogy bemutassuk annak értékeit, ezt a könyvet *Globish-ul* fogjuk megírni Önöknek.

Part 1

1. rész

The Problem with Learning English

Probléma az angol nyelv tanulásával

Chapter 1

Many, Many Languages

A hundred years ago, most human beings could speak two or more languages. At home they spoke a family language. It could be the language their parents spoke when they moved from another place. In many cases, it was a local variation of a language with different words and different pronunciations, what some people might call a dialect or patois. Most villages had such languages. People learned family languages, village languages and sometimes other languages without any problems.

A century ago, for most people the world was not very big, perhaps as big as their nation. They learned their national language and then could communicate with the rest of their world. Many nations had at least

1. fejezet

Sok, sok nyelv

Száz évvel ezelőtt a legtöbb ember kettő vagy több nyelven beszélt. Otthon a családi nyelvet beszélték. Ez lehetett az a nyelv, amit a szüleik beszéltek, amikor elköltöztek egyik helyről a másikra. Sok esetben ez egy helyi változata volt egy nyelvnek, más szavakkal és eltérő kiejtéssel, amit néhányan dialektusnak is neveznek. A legtöbb falunak volt egy ilyen nyelve. Az emberek megtanulták a családi nyelvet, a faluban beszélt nyelvet, és néha akár más nyelveket is mindenféle probléma nélkül.

Egy évszázaddal ezelőtt a legtöbb ember számára a világ nem volt túlságosan nagy, talán csak olyan nagy, mint a nemzetük. Megtanulták a nemzeti nyelvüket, és máris tudtak kommunikálni a körülöttük

one official national language. Many people in their villages also felt a need to speak the national language, and they would learn that national language in schools.

National languages made nation-wide communication possible. In some cases these started as one of the local dialects and were raised to the status of national languages. Or sometimes one "family" was more powerful, and required everyone to speak their way.

Today, the communication problem is the same. Just the scale is different. A century ago, their world was their country. Now their world is.... much more. Most people now speak a local language which is often their national language. Now they must communicate to the whole globe.

lévő világgal. Sok nemzetnek volt legalább egy hivatalos nemzeti nyelve. A falvakban sok ember érezte annak a szükségét, hogy beszélje, és hogy az iskolában tanulja a nemzeti nyelvet.

A nemzeti nyelvek lehetővé tették az egész országra kiterjedő kommunikációt. Néhány esetben ezek, mint a helyi dialektusok egyike indultak, majd innen emelték őket a nemzeti nyelv szintjére. Vagy néhányszor épp az egyik „család" volt befolyásosabb, és megkövetelte mindenkitől, hogy úgy beszéljen, ahogy ők.

Ma a kommunikációs probléma azonos. Csak az arány különböző. Egy évszázaddal ezelőtt nekik a világ az országukat jelentette. Most a világuk... sokkal több. Ma a legtöbb ember beszél egy helyi nyelvet, ami gyakran a nemzeti nyelvük is egyben. De most az egész földkerekséggel kell kommunikálniuk.

Non-English speaking to non-English speaking
74%
Nem angol anyanyelvű nem angol anyanyelvűhöz

English to
English
4%
Angol angolhoz

English to other
countries 12%
Angol más
országbelihez

Other countries
to English 10%
Más országbeli
angolhoz

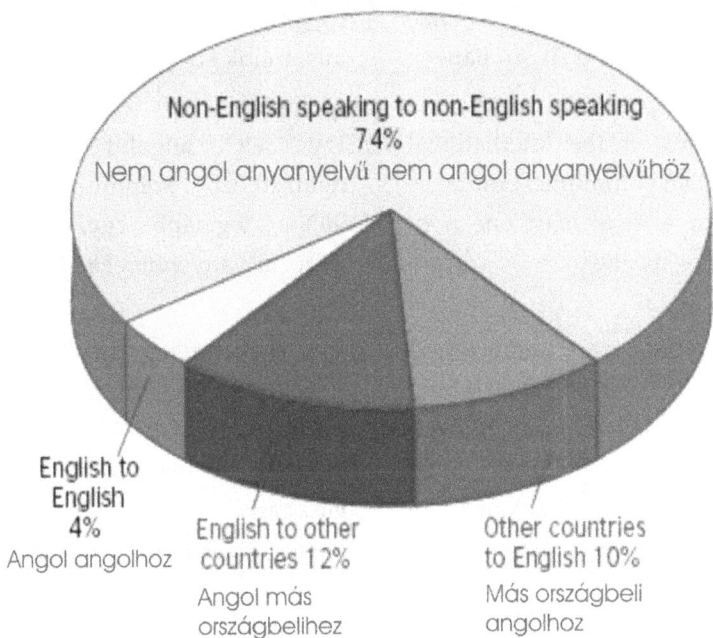

In this world, teachers say there are more than 6000 languages. In 45 countries, English is an official language. But not everyone speaks English, even where it is an official language.

Only 12% of the global world has English as a mother tongue. For 88% of us, it is not our first language, our mother tongue.

We know that only 4% of international communication is between native speakers

A tanárok azt mondják, hogy több mint 6000 nyelv van a világon. 45 országban az angol a hivatalos nyelv. De nem mindenki beszél angolul, még ott sem, ahol az a hivatalos nyelv.

A világ csak 12%-nak az angol az anyanyelve. 88%-unknak ez nem az első nyelvünk, nem az anyanyelvünk.

Tudjuk, hogy a nemzetközi kommunikációnak csak 4%-a zajlik különböző nemzetiségű

from different English-speaking nations - like Americans and Australians.

So 96% of the international English communication takes place with at least one non-native speaker.

There is a story about a god and a Tower of Babel, where all men could speak to each other using just one language. In the story, he stopped the building of that special Tower.

He said (roughly):

"Look, they are one people, and they have all one language. This is only the beginning of what they will do. Nothing that they want to do will be impossible now. Come, let us go down and mix up their languages so they will not understand each other."

In the past, there have been many strong languages and attempts to create a common worldwide language. Some worked well, but some not

angol anyanyelvűek – úgymint az amerikaiak vagy ausztrálok között.

Így az angolul folyó nemzetközi kommunikáció 96%-a legalább egy, nem angol anyanyelvűvel zajlik le.

Van egy történet Istenről és Bábel tornyáról, ahol mindenki tudott egymással beszélni egyetlen nyelvet használva. A történetben Isten leállította ennek a különleges toronynak az építését.

Ezt mondta:

„Most még egy nép ez, és mindnyájuknak egy a nyelve. De ez csak a kezdete annak, amit tenni akarnak. És most semmi sem gátolja őket, hogy véghezvigyék mindazt, amit elterveznek. Menjünk csak le és zavarjuk ott össze a nyelvüket, hogy ne értsék egymás nyelvét!"(1 Mózes 11, 1-9)

A múltban sok domináns nyelv és kísérlet volt arra, hogy egy közös világnyelvet teremtsenek. Néhány jól bevált, de néhány egyáltalán

14

all. The Greek language was used as the "lingua franca" in the days of the Romans. Non-Romans and others read the first Christian books in Greek. Modern Romans speak Italian, but until lately Catholics celebrated Christian ceremonies in Latin, the language of the ancient Romans.

French was the language of upper class Europeans for several hundred years. It was used for international government relations until 1918. Many thought it was clearly the best language for all international communication. Tsarina Catherine of Russia and Frederick the great of Prussia used to speak and write very good French, and made a point to use it with foreigners. A friendly competition took place at the king's court in France in 1853 to find the person who used the best French. The winner was not Emperor Napoleon the Third, or his wife

nem. A Rómaiak korában a görög nyelvet használták mint „lingua franca". A nem rómaiak, illetve mások is görögül olvasták az első keresztény könyveket. A modernkori rómaiak olaszul beszélnek, de egészen a legutóbbi időkig a katolikusok latinul, az ókori rómaiak nyelvén celebrálták a keresztény szertartásokat.

Több száz éven keresztül a francia volt a felső osztályba tartozó európaiak nyelve. Ezt használták a nemzetközi kormánykapcsolatokban is 1918-ig. Sokan azt gondolták, hogy egyértelműen ez a legjobb nyelv minden nemzetközi kommunikációhoz. Az orosz uralkodó II. Katalin és a porosz II. „Nagy" Frigyes szintén jól beszéltek és írtak franciául, sőt nagy hangsúlyt helyeztek arra, hogy külföldiekkel is azt használják. 1853-ban egy barátságos versenyt rendeztek a király udvarában, Franciaországban, hogy megtalálják azt a személyt,

Eugénie. Instead, it was the Austrian statesman Klemens Wenzel von Metternich.

aki a legjobban használta a franciát. A győztes nem III. Napóleon volt, sem a felesége Eugénia. Hanem az osztrák államférfi, Klemens Wenzel von Metternich.

About this time, in the Age of Reason, humans began to think they could do anything. They discovered drugs that would cure diseases. They could grow food in all weather. Their new steamships could go anywhere without wind. So then some people thought: **How difficult could it be to create a new language, one that would be easy and useful for all people?**

Körülbelül ebben az időben, a Józan Ész Korában, az emberek kezdték azt hinni, hogy bármire képesek. Felfedeztek gyógyszereket, amelyek betegségeket gyógyítanak. Képesek voltak élelmet előállítani bármilyen időjárási körülmények között. Az új gőzhajóik szélcsendben is bárhova el tudtak jutni. És akkor néhány ember ezt gondolta: **Mennyire lehet nehéz egy új nyelvet létrehozni, egy olyat, ami könnyű és hasznos volna mindenki számára?**

Technical Words

Chapter - People divide large books into smaller chapters
Dialect - A different way of speaking a mother tongue
Patois - A way of speaking in one region
Lingua Franca - A Latin word for a global language
Pronunciation - The way we say sounds when we speak

International Words

Planet - A space globe that moves around the sun.

Chapter 2

Esperanto vs...the World?

Natural languages come from unwritten languages of long ago, in the Stone Age. They are easy to learn naturally but hard to learn as a student. That is why many people have tried to invent a simple language that is useful and simple to learn. Perhaps the most famous of these *invented* languages is "Esperanto." It was developed between 1880 and 1890 by Doctor Ludovic Lazarus Zamenhof. He was a Russian eye doctor in Poland. He said his goal was to create communication and culture-sharing among all the people of the world. He thought the result would be understanding by everyone. That would mean everyone would have sympathy with everyone else and this would avoid future wars.

2. fejezet

Eszperantó kontra...a világ?

A természetes nyelvek régről, írott forma nélküli nyelvekből származnak a kőkorszakból. Könnyű őket természetes módon megtanulni, de tanulóként nehéz. Ezért van, hogy sok ember megpróbált létrehozni egy egyszerű nyelvet, ami hasznos és könnyű megtanulni. Talán a leghíresebb ezen *kitalált* nyelvek közül az „eszperantó". 1880 és 1890 között fejlesztette ki Ludovic Lazarus Zamenhof doktor. Ő egy orosz szemorvos volt Lengyelországban. Azt mondta, az a célja, hogy kialakítson kommunikációt és kultúra-megosztást a világ összes embere között. Azt gondolta, hogy az eredmény az lesz, hogy mindenki megért mindenkit. Ez azt jelentené, hogy mindenki figyelemmel van a másik iránt, és így elkerülhetnénk a

jövőbeli háborúkat.

Here is an example of Esperanto:

Itt van egy példa az eszperantó nyelvből:

En multaj lokoj de Ĉinio estis temploj de drako-reĝo. Dum trosekeco oni preĝis en la temploj, ke la drako-reĝo donu pluvon al la homa mondo.

En multaj lokoj de Ĉinio estis temploj de drako-reĝo. Dum trosekeco oni preĝis en la temploj, ke la drako-reĝo donu pluvon al la homa mondo.

Easy for you to say... perhaps. But there was one big problem with Esperanto. No one could speak it. Well, not really *no* one.

After more than a century, there are about 3 million people who can speak Esperanto. And that is in a world of nearly 7 *billion* people. Sadly, many wars later, we have to admit the *idea did not work as expected.*

Neked könnyű kimondani...talán. De volt egy nagy probléma az eszperantóval. Senki sem beszélte. Nos, majdnem *senki.*

Több mint egy évszázaddal később körülbelül 3 millió ember beszéli az eszperantót. És mindez a majdnem 7 *milliárdos* lélekszámú Földön. Sajnos, több háború után, be kell vallanunk, hogy az ötlet nem úgy működött, ahogy azt várták.

18

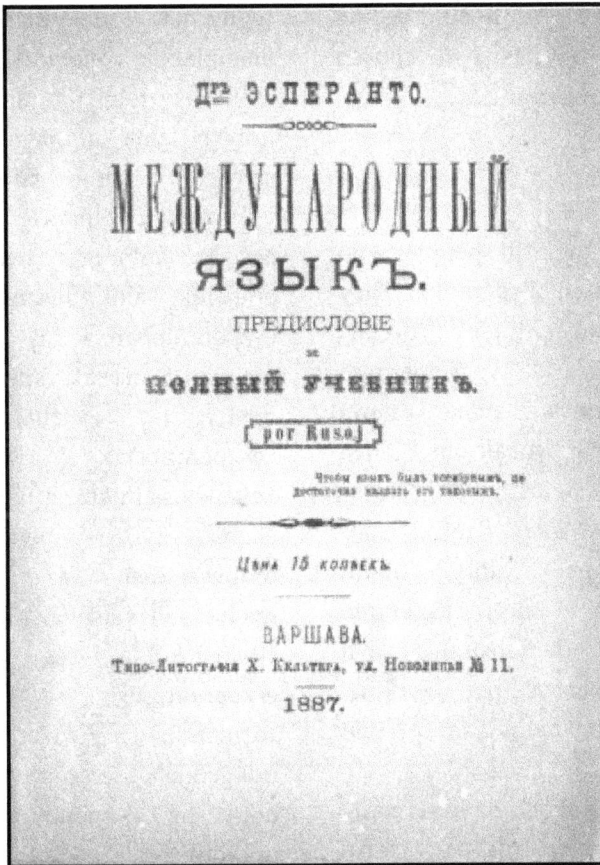

Д⁻ ЭСПЕРАНТО.

МЕЖДУНАРОДНЫЙ
ЯЗЫКЪ.

ПРЕДИСЛОВIЕ
и
ПОЛНЫЙ УЧЕБНИКЪ.

[por Rusoj]

Чтобы языкъ былъ всемірнымъ, не
достаточно назвать его таковымъ.

Цѣна 15 копѣекъ.

ВАРШАВА.
Типо-Литографія Х. Кельтера, ул. Новолипье № 11.
1887.

The 1st Esperanto book
Az első eszperantó könyv

For a while, Esperanto was an official project in the USSR, and in the People's Republic of China. It is long forgotten in those countries now. There are no Esperanto guides in the Moscow or Shanghai railway stations to help passengers find their	Egy ideig az eszperantó egy hivatalos kutatási téma volt a Szovjetunióban és a Kínai Népköztársaságban. Mára már régen el is felejtették ezt azokban az országokban. Nincsenek útbaigazítások eszperantó nyelven sem a moszkvai, sem a sanghaji

trains. We can only wonder what the world would be like if the Soviets had chosen Globish instead...

There are still people who believe in Esperanto. They still have their "special" language. Sometimes Esperantists make news when they speak out against Globish -- using English, of course. Thus any major newspaper story about Globish and Esperanto clearly demonstrates that Esperanto is not working. And it helps show that Globish gives us an opportunity to have – finally – a real global communication tool.

vasút állomáson, hogy segítsenek az utasoknak megtalálni a vonatjukat. Most csak elképzelni tudjuk, hogy milyen lenne a világ, ha a szovjetek a Globish-t választották volna...
Még mindig vannak emberek, akik hisznek az eszperantóban. Így még megvan a maguk „speciális" nyelve. Néha, az „eszperantisták" híreket keltenek, amikor a Globish ellen beszélnek, természetesen az angol nyelvet használva. Így a Globish-ról és az eszperantóról szóló bármelyik jelentősebb újságcikk tisztán mutatja, hogy az eszperantó nem működik. És ez segít megmutatni, hogy a Globish lehetőséget ad számunkra, hogy – végre – legyen egy valós, globális kommunikációs eszközünk.

International Words
Million = 1,000,000

Billion = 1,000,000,000

20

Chapter 3

Thinking Globally

It would be difficult for all people in the world to have one official language. Who would say what that language must be? How would we decide? Who would "own" the language?

Most people today speak only their one national language. This is especially true with native English speakers. They observe that many people in other countries try to speak English. So they think they do not need to learn any other language. It appears to be a gift from their God that they were born ready for international communication. Perhaps, unlike others in the world, they do not have to walk half the distance to communicate with other cultures. Perhaps English IS the place everyone else must

3. fejezet

Globálisan gondolkodva

Az nehézkes volna, hogy minden embernek a Földön ugyanaz legyen a hivatalos nyelve. Ki mondaná meg, hogy melyik nyelv legyen az? Hogy döntenénk el? Ki „birtokolná" a nyelvet?

Napjainkban a legtöbb ember csak a saját nemzeti nyelvét beszéli. Ez különösen igaz az angol anyanyelvűekre. Azt látják, hogy sok ember próbál más országokban is angolul beszélni. Így azt gondolják, hogy nincs szükségük megtanulni más nyelvet. Úgy tűnik, az egy ajándék Istentől, hogy ők a nemzetközi kommunikációra készen születtek. Talán, - nem úgy, mint másoknak a Földön - nekik nem kell megtenniük a távolság felét ahhoz, hogy más kultúrákkal kommunikáljanak. Talán az angol az a pont, ahova

come to. Perhaps.... All others are unlucky by birth. But *perhaps* there is more to the story…

It does seem English has won the competition of global communication. Although it used to give people an edge in international business, one observer now states it this way:

> *"It has become a new baseline: without English you are not even in the race."*

So now the competition is over. No other language could be more successful now. Why is that?

The high situation of English is now recognized because communication is now global, and happens in one second.

There have been periods in history where one language seemed to have worldwide acceptance. But, in all these periods, the "world" covered by one of these languages

mindenki másnak el kell jutnia. Talán… Mindenki más peches, születésétől kezdve. De *talán* ennél többről szól a történet…

Tényleg úgy tűnik, hogy az angol nyerte a globális kommunikáció versenyét. Habár valaha ez előnyöket adott a nemzetközi üzletek terén; egy megfigyelő most így beszél erről:

> „*Ez egy új alapszükségletté vált: angol nélkül egyszerűen nem vagy versenyben.*"

Tehát a versenynek vége. Más nyelv most ennél sikeresebb nem lehet. Miért van ez így?

Az angol nyelv kiemelkedő helyzete azért vehető most észre, mert a kommunikáció globális és egy másodperc alatt történik.

Voltak időszakok a történelemben, amikor úgy tűnt, hogy egy nyelvet világszerte elfogadnak. De ezekben az időszakokban sem, amikor ezen nyelvek

was not the whole planet.

egyike elterjedt, jelentette a „világ" az egész bolygót.

Chinese was not known to Greeks in the time of the Roman Empire. The hundreds of Australian languages were not known to Europeans when they settled there.

A kínai nyelvet nem ismerték a görögök a Római Birodalom idejében. A több száz ausztráliai nyelv nem volt ismert az európaiak számára amikor ott letelepedtek.

Japanese people did not learn and speak French in the 18th century.

A japánok nem tanultak vagy beszéltek franciául a 18. században.

Then, much communication was a matter of time and distance. Now, for the first time, communication has no limits on our Earth. 200 years ago it took more than six months to get a message from Auckland, New Zealand, to London. In our

Azokban az időkben a legtöbb kommunikáció az idő és a távolság függvénye volt. Most először a kommunikációnak nincsenek határai a Földünkön. 200 évvel ezelőtt hat hónapig tartott eljuttatni egy üzenetet Auckland-ből, Új-Zélandról

23

global world, a message goes from Auckland to London in less than a second.

As Marshall McLuhan said in his book *The Guttenberg Galaxy*, this world is now just the size of a village – a "global village." In a village, all people communicate in the language of the village. All nations now accept English as the communication tool for our global village.

Some people dislike that fact a lot. They want to keep their language, and even to avoid English. And, there are people who do not care at all, and they do not see what is happening or what it means.

Finally, there are people who accept it, and even benefit from it. Many Chinese, Spanish and German people realize their language is not global and so they are learning English. They speak about their wonderful culture

Londonba. De a mi globális világunkban egy üzenet Auckland-ből Londonba átmegy kevesebb, mint egy másodperc alatt.

Ahogy Marshall McLuhan mondta a Gutenberg-galaxis című könyvében, ez a világ most csak akkora, mint egy falu – egy „globális falu". Egy faluban minden ember a falu nyelvén kommunikál. Napjainkban minden nemzet elfogadja az angolt, mint a globális falunk kommunikáció eszközét.

Néhány embernek nagyon nem tetszik ez a tény. Ők meg akarják tartani a saját nyelvüket, sőt el akarják kerülni az angolt. És vannak olyanok is, akiket ez egyáltalán nem érdekel, akik nem látják mi történik, és mindez mit jelent.

És végül vannak olyanok, akik elfogadják ezt, sőt hasznot húznak belőle. Sok kínai, spanyol és német tudatában van annak, hogy a nyelvük nem globális, ezért angolul tanulnak. Angolul beszélnek a gyönyörű

in English but they also continue to speak their first language.

We can be very confident this situation will not change. With all the people now learning English as a second language, and there will be no need to change. As in the past, people will speak more than one language as children.

Leading economic powers, such as China, Brazil, India, Russia, and Japan will have many people speaking English. No one is going to win markets now with military battles.

And no one will need to change languages, as used to happen. Now nations will try to win hearts and minds with their better, less expensive products. It is a new world now, and maybe a better one.

To communicate worldwide, these people will use varying

kultúrájukról, de az anyanyelvüket továbbra is használják.

Teljesen biztosak lehetünk abban, hogy ez a helyzet nem fog megváltozni. Azzal a rengeteg emberrel, akik az angolt tanulják második nyelvként, nem lesz szükség változásra. Éppúgy, ahogy a múltban, az emberek már gyermekként több nyelven fognak beszélni.

Az olyan vezető gazdasági hatalmakban, mint Kíná(ban), Brazíliá(ban), Indiá(ban), Oroszország(ban) vagy Japán(ban), sok angolul beszélő ember lesz. Senki sem fog most piacokat nyerni katonai csatákkal.

És senkinek sem kell nyelveket cserélnie, mint ahogy az valaha történt. A nemzetek majd megpróbálnak új „szíveket" és „fejeket" megnyerni a jobb és kevésbé drága termékeikkel. Ez most egy új világ, és talán egy jobb is.

Ahhoz, hogy az egész világgal kommunikáljanak,

qualities of English. But once they master "a reasonable amount" of English they will not want or need to require others to use their mother tongue. So English will certainly continue to be the most important international language. The economic winners today or tomorrow will use their English well enough so that they don't need anything else. This "common ground" is what everybody will continue to agree on...

ezek az emberek különböző szintű angolt fognak használni. De amint elsajátítják az angol nyelvet egy elfogadható szinten, többé nem fogják igényelni, és nem lesz szükségük arra, hogy elvárják másoktól, hogy az ő anyanyelvüket használják. Így az angol biztosan a legfontosabb nemzetközi nyelv marad. A gazdasági győztesek ma, és holnap is elég jól fogják alkalmazni az angol nyelvet ahhoz, hogy ne legyen szükségük semmi másra. Ez a „közös alap" az, amiben mindenki továbbra is egyet fog érteni...

Language Used In Business Communication
Üzleti kommunikációban használt nyelv

Chinese / Kínai	Angol English (Globish) →	Chinese / Kínai
Mexican / Mexikói		Mexican / Mexikói
Russian / Orosz	← Angol English (Globish)	Russian / Orosz
French / Francia		French / Francia
Korean / Koreai	Angol English (Globish) →	Korean / Koreai
Italian / Olasz	← Angol English (Globish)	Italian / Olasz
Japanese / Japán		Japanese / Japán

Still, many people will continue to learn Chinese or Spanish or Russian. They will do this to understand other cultures. But it will be of less help in doing worldwide business. In an international meeting anywhere, there will always be people who do not speak the local language.

Everyone in this meeting will then agree to change back to English, because everyone there will have acceptable English.

De sokan továbbra is tanulni fognak kínaiul, spanyolul vagy oroszul. Azért fogják ezt megtenni, hogy megértsenek más kultúrákat. De ez kevésbé fog segíteni üzleteket kötni világszerte. Egy nemzet-közi megbeszélésen, bárhol is legyen az, mindig lesznek olyanok, akik nem beszélik a helyi nyelvet.

Így a tárgyaláson mindenki egyet fog érteni azzal, hogy visszaváltsanak az angolra, hiszen mindenkinek elfogadható angoltudása lesz.

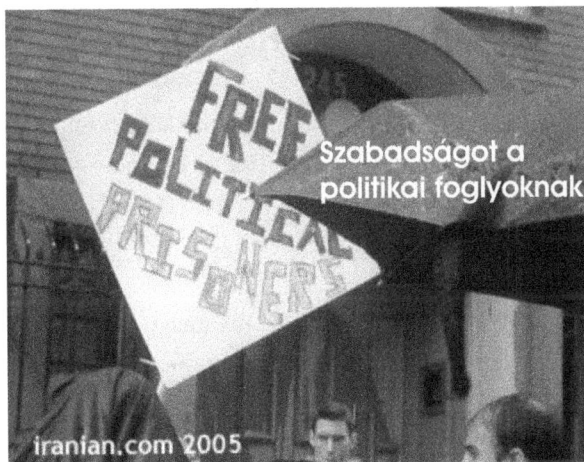

Szabadságot a politikai foglyoknak

iranian.com 2005

Today, Mandarin Chinese is the language with the most speakers. After that is Hindi, and then Spanish. All three of

A kínai mandarin nyelv ma az, aminek a legtöbb beszélője van. Aztán következik a hindi, majd a

speakers than English. But Hindi speakers talk to Chinese speakers in English and Spanish speakers communicate to Japanese speakers in English.

They cannot use their own languages so they must use the most international language to do current business. That is why English is now locked into its important position the world over.

Sometimes we wonder if it is good that English won the language competition. We could argue that it is not the right language. It is far too difficult, with far too many words (615,000 words in the Oxford English Dictionary...and they add more each day.)

Too many irregular verbs. The grammar is too difficult. And most importantly, English does not have good links between the written and

több anyanyelvi beszélője van, mint az angolnak. De a hindi anyanyelvűek angolul beszélnek a kínaiakkal, és a spanyolok is angolul kommunikálnak a japánokkal.

Nem tudják a saját nyelvüket használni, így aztán a legnemzetközibb nyelvet kell használniuk ahhoz, hogy napi szinten üzleteket kössenek. Ezért az angol megrekedt ebben a fontos pozíciójában mindenütt a világon.

Néha elgondolkodunk, hogy jó-e az, hogy az angol nyerte a nyelvek versenyét. Tudnánk érvelni amellett, hogy ez nem a megfelelő nyelv. Túlságosan bonyolult túl sok szóval (615.000 szó van az Oxford English Dictionary-ben...és mindennap újabbakat adnak hozzá).

Túl sok a rendhagyó ige. A nyelvtan túl bonyolult. És a legfontosabb, hogy az angolban nincs egyértelmű megfelelés az írott és a

the spoken language. Why do the letters "ough" have four different pronunciations ("cough, tough, though, through") Why is a different syllable stressed in photograph, photography and photographer? And why is there not a stress mark? Why doesn't "Infamous" sound like "famous?" or "wilderness" like "wild?" Why isn't "garbage" pronounced like "garage", or "heathen" like "heather"?

English was never expected to make sense to the ear. Pronunciation in English is a horrible experience when you have not been born into that culture. Yet it appears to sound natural to native English speakers.

Some languages, like Italian, German, and Japanese, can match written words to the way they are spoken. So it may appear unlucky for us

beszélt nyelv között. Miért van négy különböző kiejtési módja ennek a betűkombinációnak: „ough" ("cough, tough, though, through")? Miért különböző szótagok hangsúlyosak a „photograph""photography" és a "photographer" szavakban? És miért nincs egy, a hangsúlyt jelző jel? Miért nem ugyanúgy hangzik az „infamous" szó, mint a „famous" vagy a „wilderness", mint a „wild"? Miért nem ugyanúgy van kiejtve a „garbage" szó, mint a „garage", vagy a „heathen" szó, mint a „heather"?

Az angol nyelvtől sohasem várták, hogy logikusnak hangozzon a fülnek. A kiejtés az angolban egy szörnyű élmény, ha valaki nem abba a kultúrába született bele. Mégis úgy tűnik, hogy ez természetesnek hangzik az angol anyanyelvűek számára.

Néhány nyelvben, úgymint az olaszban, a németben vagy a japánban az írott és a kiejtett formája a szavaknak megfeleltethetők egymásnak.

that one of them did not win it all. Italian, for example, is a language where every letter, and every group of letters, is always *pronounced* the same way. When you are given an Italian document, you can *pronounce* it once you understand a limited number of fixed rules. In English you have to learn the *pronunciation* of every word.

Many English words are borrowed from other languages, and they sometimes keep their old pronunciation and sometimes not. English words cannot be written so the stressed syllables are shown. All non-native English speakers know that they may have to sleep without clothes if they try to buy "pajamas." Where is the mark to show what we stress in "pajamas?" So, the borrowed word "pajamas" would be better written as *pa-JA-mas*. In English you must learn exactly which syllable

Így pechesnek tűnhet számunkra, hogy nem ezek közül az egyik nyert meg mindent. Az olasz például egy olyan nyelv, ahol minden betűt illetve minden betűkombinációt mindig azonos módon *ejtenek ki*. Ha kapsz egy olasz szöveget, ki fogod tudni *ejteni azt*, ha ismersz néhány meghatározott számú, rögzített szabályt. Az angolban viszont meg kell tanulnod minden szó *kiejtését*.

Sok angol szó más nyelvekből lett átvéve, amik néha megtartják az eredeti kiejtésüket, és néha nem. Az angol szavakat nem lehet úgy leírni, hogy a hangsúlyos szótag látszódjon. Minden nem angol anyanyelvű beszélő tudja, hogy lehet, hogy ruha nélkül kell aludnia, ha pizsamát (angolul pajamas) próbál vásárolni. Hol van a jel, ami mutatja, hogy mit hangsúlyozunk a „pajamas" szóban? Így az átvett „pajamas" szót jobb volna „*pa-JA-mas*"-nak írni. Az angolban meg kell

gets the stress, or *no one* understands you.

But Italian, German, or Japanese did not win the language competition. English did. Luckily, this does not mean that there are people who won and people who lost. In fact, we will show that the people whose language seemed to win did not, in fact, improve their positions. The other people won, and those non-native speakers will soon win even more. This is one of the many "Globish Paradoxes."

tanulnod hogy pontosan melyik szótag kapja a hangsúlyt, vagy különben **senki sem** ért meg.

De nem az olasz, a német vagy a japán nyerte meg a nyelvek versenyét. Hanem az angol. Szerencsére ez nem azt jelenti, hogy vannak emberek, akik nyertek, és vannak, akik vesztettek. Tulajdonképpen azt fogjuk megmutatni, hogy azok az emberek, akiknek a nyelve úgy tűnik győzött, valójában nem tették jobbá a helyzetüket. A többi ember nyert, és ezek a nem anyanyelvi beszélők hamarosan még többet fognak nyerni. Ez az egyike a számos „Globish Paradoxonnak".

Technical

Grammar - the structure of words in a sentence.

Pronounce - to speak accurate sounds in a language

Stress - making a heavy tone on one syllable of a word

Syllable - a part of a word you are saying

Paradox - something that sounds correct but is really the opposite like: *winning is really losing*

Verb - the part of speech that tells the action in a sentence.

International

Pajamas - clothes you wear to bed at night

Chapter 4

The Native English Speakers' Edge is Their Problem

Speaking an extra language is always good. It makes it easier to admit that there are different ways of doing things. It also helps to understand other cultures, to see why they are valued and what they have produced. You can discover a foreign culture through traveling and translation. But truly understanding is another thing: that requires some mastery of its language to talk with people of the culture, and to read their most important books. The "not created here" idea comes from fear and dislike of foreign things and culture. It makes people avoid important ideas and new ways of working.

4. fejezet

Az angol anyanyelvűek előnye az ő problémájuk

Egy plusz nyelvet beszélni mindig jó. Ez könnyebbé teszi belátni, hogy másféleképpen is lehet a dolgokat csinálni. Segít más kultúrákat megérteni, és látni, hogy miért vannak megbecsülve és miket hoztak már létre. Fel lehet fedezni egy idegen kultúrát utazáson és fordításon keresztül is. De a valós megértés egy másik dolog: az megköveteli annak a nyelvnek valamilyen szintű ismeretét, azért hogy beszélhessünk annak a kultúrának az embereivel, és hogy elolvashassuk a legfontosabb könyveiket. A „nem itt alkotott" képzet félelemből, és az idegen dolgok és kultúrák iránti ellenszenvből származik. Ez

eltéríti az embereket a fontos gondolatoktól, és az újszerű megközelítési módoktól.

Native English speakers, of course, speak English most of the time - with their families, the people they work with, their neighbors, and their personal friends. Sometimes they talk to non-native speakers in English, but most English speakers do not do this often. On the other hand, a Portuguese man speaks English most often with non-native English speakers. They all have strange accents. His ears become sympathetic. He learns to listen and understand and not be confused by the accent. He learns to understand a Korean, a Scotsman or a New Zealander with strong local accents. And he learns to understand the pronunciations of others learning English. Often, he understands accents much better than a native English speaker.

It is a general observation

Az angol anyanyelvűek, természetesen, legtöbbször angolul beszélnek – a családjukkal, az emberekkel, akikkel együtt dolgoznak, a szomszédjaikkal és a közvetlen barátaikkal. Néha nem anyanyelvűekkel is beszélnek angolul, de a legtöbb angol anyanyelvű nem teszi ezt túl gyakran. Míg a másik oldalon, egy portugál legtöbbször nem angol anyanyelvűvel beszél angolul. Mindannyiuknak furcsa akcentusuk van. Így a füle hozzászokik ehhez. Megtanul figyelni és érteni, és nem összezavarodni a kiejtés miatt. Megtanulja megérteni a koreait, a skótot vagy az új-zélandit az erős helyi akcentusukkal együtt. És megtanulja megérteni az angolul tanulók kiejtését. Gyakran sokkal jobban érti a különböző akcentusokat, mint egy angol anyanyelvű.

Az egy általános

that the person who already speaks five languages has very little difficulty learning the sixth one. Even the person who masters two languages is in a much better position to learn a third one than the countryman/countrywoman who sticks only to the mother tongue. That is why it is too bad people no longer speak their local patois. The practice almost disappeared during the 20th century.

Scientists tell us that having a second language seems to enable some mysterious brain connections which are otherwise not used at all. Like muscles with regular exercise, these active connections allow people to learn additional foreign languages more easily.

Now that so many people migrate to English-speaking countries, many of the

megfigyelés, hogy annak az embernek, aki már öt nyelvet beszél, nagyon kevés problémája van megtanulni a hatodikat. Még az az ember is, aki két nyelvet ismer, sokkal jobb helyzetben van, hogy egy harmadikat megtanuljon, mint az a vidéki ember, aki csak az anyanyelvéhez ragaszkodik. Ezért nagy kár, hogy az emberek többé már nem beszélik a helyi dialektusokat. Ez a gyakorlat szinte teljesen eltűnt a 20. század folyamán.

Tudósok azt mondják, hogy egy második nyelv megléte, úgy tűnik, beindít néhány titokzatos agyi összeköttetést, amely máskülönben nem lenne egyáltalán használva. Úgymint az izmok a rendszeres testgyakorlással, ezek az aktív összeköttetések lehetővé tesznek még könnyebben megtanulni egy következő idegen nyelvet.

Most, hogy sok ember bevándorol angolul beszélő országokba, sok fiatal

young people in those families quickly learn English. It is estimated, for example, that 10% of all younger persons in the UK still keep another language after they learn English. Probably similar figures are available in the US. Those children have an extra set of skills when speaking to other new English language learners.

The British Council is the highest authority on English learning and speaking. It agrees with us in its findings. David Graddol of the British Council is the writer of English Next, which is a major study from the British Council. Graddol said (as *translated into Globish*):

"(Current findings)... should end any sureness among those people who believe that the global position of English is completely firm and protected. We should not have the feeling

ezekben a családokban gyorsan megtanul angolul. Például úgy becslik, hogy a fiatalabbak 10%-a az Egyesült Királyságban megtart egy másik nyelvet is miután megtanul angolul. Valószínűleg, hasonló számadatok vannak az USA-ban is. Az ilyen gyerekeknek egy különleges képességük van, amikor más angolul tanulókhoz beszélnek.

A British Council (az Egyesült Királyság Nemzetközi Kulturális és Oktatási Intézete) a legelőkelőbb tekintély az angol nyelv tanulását és beszélését tekintve. Egyetért velünk a saját kutatásai alapján. David Graddol, a British Council-tól, az English Next című könyv írója, ami a British Council egyik jelentős tanulmánya. Graddol ezt mondta:

„(A jelenlegi kutatási eredmények)... véget kellene hogy vessenek minden bizonyosságnak azok az emberek között, akik azt hiszik, hogy az angol globális pozíciója

36

that young people of the United Kingdom do not need abilities in additional languages besides English."

teljesen biztos és védett. Nem kellene, hogy az az érzésünk legyen, hogy az Egyesült Királyság fiataljainak nincs szüksége egy másik idegen nyelv ismeretére az angol mellett."

Graddol confirms:

Graddol megerősíti:

"Young people who finish school with only English will face poor job possibilities compared to able young people from other countries who also speak other languages. Global companies and organizations will not want young people who have only English.

„Fiatalok, akik az iskolát csak az angollal fejezik be, szegényes álláslehetőségekkel fognak szembesülni, összehasonlítva azokkal a fiatalokkal más országokból, akik egy másik nyelvet is beszélnek. Nemzetközi vállalatok és szervezetek nem fognak alkalmazni olyan fiatalokat, akik csak angolul beszélnek.

Anyone who believes that native speakers of English remain in control of these developments will be very troubled. This book suggests that it is native speakers who, perhaps, should be the most worried. But the fact is that the future development of English is now a global concern and should be troubling us all.

Bárki, aki azt hiszi, hogy az angol anyanyelvűek irányító szerepben maradnak ebben a folyamatban, gondban lesznek. Ez a könyv azt állítja, hogy talán az anyanyelvi beszélők azok, akiknek a legjobban aggódniuk kellene. De a helyzet az, hogy az angol nyelv jövőbeli alakulása most egy globális ügy és mindannyiunkat aggasztania kellene.

English speakers who have only English may not get very good

Az angol anyanyelvűek, akik csak angolul beszélnek, lehet

jobs in a global environment, and barriers preventing them from learning other languages are rising quickly. The competitive edge (personally, organizationally, and nationally) that English historically provided people who learn it, will go away as English becomes a near-universal basic skill.

English-speaking ability will no longer be a mark of membership in a select, educated, group. Instead, the lack of English now threatens to leave out a minority in most countries rather than the majority of their population, as it was before.

Native speakers were thought to be the "gold standard" (**idioms remain in this section**); as final judges of quality and authority. In the new, quickly-appearing environment, native speakers may increasingly be indentified as part of the problem rather than being the basic solution. Non-native speakers will feel these "golden" native speakers are bringing along "cultural baggage" of

hogy nem kapnak jó állásokat nemzetközi környezetben, és a korlátok, amik megvédik őket egy másik nyelv tanulásától, gyorsan nőnek. A versenyelőny (személyes, szervezeti és nemzeti), amit az angol történelmileg nyújtott azon embereknek, akik azt tanulják, el fog tűnni, ahogy az angol szinte egy univerzális alapkészséggé válik.

Az angolul beszélés képessége többé nem lesz egy kiválasztott, tanult csoportba tartozás jele. Ehelyett, az angol nyelv hiánya most egy kisebbség figyelmen kívül hagyásával fenyeget a legtöbb országban, inkább mint a népességük többségével, ahogy ez korábban volt.

Úgy gondolták, hogy az anyanyelvi beszélők az „arany standard"; mint a minőség és jogosultság végső bírái. Az új, gyorsan előtűnő környezetben az anyanyelvi beszélő lehet, hogy egyre inkább a probléma egy részeként lesz azonosítva, inkább, mint alap megoldásként. A nem anyanyelvi beszélők érezni fogják, hogy ezek az „arany" anyanyelvi beszélők kevésbé

little interest, or as teachers are "gold-plating" the teaching process.

Traditionally, native speakers of English have been thought of as providing the authoritative standard and as being the best teachers. Now, they may be seen as presenting barriers to the free development of global English.

We are now nearing the end of the period where native speakers can shine in their special knowledge of the global "lingua franca."

Now David Graddol is an expert on this subject. But he is also an Englishman. It would be difficult for him - or any native English speaker - to see all that non-native speakers see... and see differently.

For example, non-native speakers see how native English speakers believe that their pronunciation is the only valid one.

érdekes „kultúrális csomagokat" hoznak magukkal, és hogy a tanárok „aranyba foglalják" a tanítási folyamatot.

Tradicionálisan, az angol anyanyelvű beszélőkre úgy gondoltak, mint akik biztosítják a mérvadó standard-eket, és mint akik a legjobb tanárok. Most lehet, hogy úgy tekintenek rájuk, mint akik korlátokat szabnak a globális angol szabad fejlődésének.

Most közeledünk annak az időszaknak a végéhez, ahol az anyanyelvi beszélők jeleskedni tudnak a globális „lingua franca" tudásukkal."

Nos, David Graddol egy szakértő ebben a témában. De ő egyben angol is. Nehéz volna számára – vagy akármelyik angol anyanyelvű számára – látni mindazt, amit a nem anyanyelvi beszélők látnak...és amit másképp látnak.

Például, a nem anyanyelvi beszélők látják, ahogy az angol anyanyelvűek elhiszik, hogy az ő kiejtésük az egyetlen, ami

Pronunciation is not easy in English. There are versions of English with traditional or old colonial accents. Many different British accents were mixed in the past with local languages in colonies such as America, India, South Africa, Hong Kong, Australia, or New Zealand. Today more accents are becoming common as English gets mixed with the accents from other languages. Learners of English often have to struggle to hear "native" English and then to manage the different accents. Learners often learn English with the older colonial accents or newer accents. Not many people now speak English like the Queen of England.

Also, native speakers often use their local idioms as if they are universal. (Like saying that someone who dies is "biting the dust".

jóváhagyott. A kiejtés nem könnyű az angolban. Vannak angol változatok tradicionális vagy régi gyarmati akcentussal. Régen sok különböző brit akcentust kevertek össze a helyi nyelvekkel a gyarmatokon, úgymint Amerika, India, Dél-Afrika, Hongkong, Ausztrália vagy Új-Zéland. Ma egyre több akcentus válik megszokottá, ahogy az angol keveredik más nyelvek akcentusaival. Az angolul tanulóknak gyakran szenvedniük kell, ha anyanyelvi angolt hallanak, és aztán, hogy megbirkózzanak a különböző akcentusokkal. A tanulók gyakran tanulják az angolt a régebbi gyarmati akcentusokkal, vagy éppen újabb akcentusokkal. Nem sok ember beszéli manapság úgy az angolt, mint az Angol Királynő.

Az anyanyelvi beszélők gyakran úgy használják a helyi szólásaikat, mintha azok egyetemesek lennének. (Mint például azt mondani,

40

How long does it take to explain what these really mean? The modern global citizen does not need language like that.)

Non-native speakers also observe this: that most native speakers believe they are English experts because they can speak English so easily.

Language schools in non-English-speaking countries often have native English speakers as teachers. They are said to be the "gold standard" (an *idiom!*) in English.

hogy ha valaki meghal, az „fűbe harap". Meddig tart elmagyarázni, hogy ezek valójában mit is jelentenek? A modern világpolgárnak nincs szüksége egy ilyen nyelvre.)

Nem anyanyelvi beszélők azt is észre szokták venni, hogy a legtöbb anyanyelvi beszélő elhiszi magáról, hogy szakértője az angolnak, csak mert olyan könnyedén tudnak beszélni angolul.

Nyelviskoláknak, nem angol anyanyelvű országokban, gyakran vannak angol anyanyelvű tanáraik. Azt mondják, hogy ők az „arany standard-ek" (egy kifejezés!) az angolban.

Learning Conventional English

Hagyományos angol tanulása

Learning Globish

Globish tanulása

Years / Évek   1   2   3   4

(Conservative Time Estimates)

(Becsült idő)

41

But these native speakers are not always trained teachers. Often all they have is their ability to pronounce words. They do not know what it is like to learn English. In the end result, a teacher needs to know how to teach.

De ezek az anyanyelvi beszélők nem mindig képzett tanárok. Gyakran mindenük ami van, az csak a készségük, hogy kiejtsék a szavakat. Nem tudják milyen angolul tanulni. Végső eredményképpen egy tanárnak tudnia kell, hogyan tanítson.

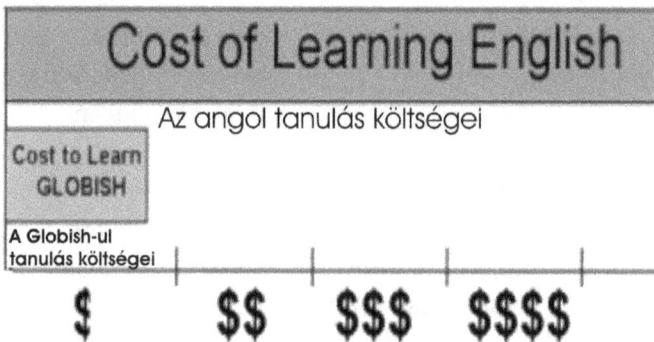

Cost of Learning English

Az angol tanulás költségei

Cost to Learn GLOBISH

A Globish-ul tanulás költségei

¢ $$ $$$ $$$$

So sometimes non-native English speakers become better teachers of English than people with the perfect UK, or US, or South African English pronunciation.

Így néha a nem angol anyanyelvű beszélők jobb angoltanárokká válnak, mint azok, akiknek tökéletes brit, amerikai vagy dél-afrikai angol kiejtésük van.

In the past, English schools have made a lot of money using native speakers to teach English. Thus the students always work towards a goal that is always out of reach. Probably none

A múltban az angol nyelviskolák rengeteg pénzt kerestek úgy, hogy anyanyelvi beszélőket alkalmaztak, hogy angolt tanítsanak. Így a tanulók mindig egy olyan cél

of these students will ever speak the Queen's English. To achieve that you must be born not far from Oxford or Cambridge. Or, at a minimum, you must have learned English when your voice muscles were still young. That means very early in your life, before 12 years old. Learning to speak without an accent is almost impossible. You will always need more lessons, says the English teacher who wants more work.

But here is the good news: Your accent just needs to be "understandable"...not perfect. Learners of English often need to stop and think about what they are doing. It is wise to remember to ask: how much English do I *need*? Do I need *all* the fine words and perfect pronunciation? Perhaps not....

irányába haladnak, ami mindig elérhetetlen marad. Talán ezek közül egyik tanuló sem fogja soha a Királynői angolt beszélni. Ennek eléréséhez Oxfordtól vagy Cambridge-től kell nem túl messze születni. Vagy legalábbis akkor kellett angolul tanulni, amikor a hangképző izmok még fiatalok voltak. Ez azt jelenti, hogy nagyon korán, még 12 éves kor előtt. Megtanulni akcentus nélkül beszélni majdnem lehetetlen. Mindig szükséged lesz további órákra, mondja az angol tanár, aki több munkát akar.

De itt van a jó hír: a kiejtésednek csak „érthetőnek" kell lennie...nem tökéletesnek. Az angolul tanulóknak gyakran meg kell állni és elgondolkodni, hogy mit is csinálnak. Bölcs dolog emlékezni és megkérdezni: mennyi angolra van *szükségem*? Szükségem van *minden* egyes szóra és tökéletes kiejtésre? Talán nem...

43

Technical

Idiom - a term for the use of colorful words which may not be understood by non-native speakers.

Lesson - one section of a larger course of study

International

Migrate - to move your home from one country to another. Also: an immigrant is a person who migrates.

Chapter 5
The English Learners' Problem...Can Be Their Edge

Some very expert English speakers take pride in speaking what is called "plain" English. They recommend we use simple English words, and to avoid foreign, borrowed words for example. So speaking plain English is not speaking bad English at all, and might even be speaking rather good English. Using unusual or difficult words does not always mean you know what you are talking about. In many cases, "plain" English is far more useful than other English. The term "Plain English" is the name of a small movement, but the term is most often used between native speakers to tell each other that the subject is too difficult. They say: *"Just tell me in plain English!"*

5. fejezet
Az angolul tanulók problémája... lehet az előnyük

Néhány nagyon művelt angol anyanyelvű büszke arra, hogy az úgynevezett „egyszerű" angolt beszéli. Például azt javasolják, hogy használjunk egyszerű angol szavakat és kerüljük az idegen, átvett szavakat. Tehát az egyszerű angol használata egyáltalán nem egyenlő a helytelen angol beszéddel, sőt, akár még egy nagyon jó angolt is jelenthet. A furcsa vagy bonyolult szavak használata nem mindig jelenti azt, hogy tudod is, miről beszélsz. Sok esetben az „egyszerű" angol sokkal hasznosabb, mint bármilyen másik angol. A kifejezés „Egyszerű Angol" egy kisebb mozgalomnak a neve, de a szó leggyakrabban anyanyelvűek között kerül használatra, hogy elmondják egymásnak, a téma túl bonyolult. Azt mondják:

It is very important, on the other hand, to speak correct English. Correct English means using common English words in sentences that have reasonably good meanings. Of course, everyone makes mistakes now and then, but a good goal is to say things in a correct way using simple words. This makes it easier to say things that are useful.

Of course, we know that we say things well enough if people understand what we say. So we need to observe a level of usage and correctness in English which is "enough" for understanding. Less is not enough. And "more than enough" is too much – too difficult – for many people to understand. Most public messages – such as advertisements use fairly common words and fairly simple English. The messages often cost a lot so it is important everyone understands them. On

„Csak mondd el szimplán angolul!"

Nagyon fontos, másrészről, hogy helyes angolt beszéljünk. A helyes angol egyszerű angol szavak használatát jelenti a mondatokban, amiknek megfelelő jelentésük van. Természetesen, mindenki vét hibákat olykor-olykor, de a cél az, hogy megfelelő módon, egyszerű szavakat használva mondjunk dolgokat. Ez könnyebbé tesz olyan dolgokat mondani, amik hasznosak.

Természetesen tudjuk, hogy elég jól mondjuk a dolgokat, ha az emberek megértik, amit mondunk. Ezért a használatnak és a helyességnek azt a szintjét kell használnunk az angolban, ami pont „elég" a megértéshez. A kevesebb nem elég. És ami „több mint elég" az túl sok – túl bonyolult – sok embernek a megértéshez. A legtöbb közüzenet – úgy, mint a reklámok – teljesen mindennapi szavakat és egészen egyszerű angolt használnak. Az üzenetek gyakran sokba kerülnek, ezért

46

television, time for messages can cost huge amounts so the English used is chosen very carefully. The American Football Super Bowl in the US has advertisements that are very easy to understand. The advertisers pay $2 000 000 a minute for their advertisements, so they want to be sure people understand!

There is a level of English that is acceptable for most purposes of understanding. This is the level that Globish aims to show. As we will see in greater detail, Globish is a defined subset of English. Because it is limited, everyone can learn the same English words and then they can understand each other. Globish uses simple sentence structures and a small number of words, so that means you have to learn less. And it can be expanded easily when people choose to do this.

The Globish word list has 1500 words. They have been carefully chosen from all the most common words in English. They are listed in the middle of this book. In the Oxford English Dictionary there are about 615000 entries. So how could 1500 words be enough? This book – in Globish – uses those 1500 basic words and their variations.

This list of 1500, of course, will also accept a few other words which are tied to a trade or an industry: call them "technical words." (Technical is a technical word.) Some technical words are understood everywhere. In the computer industry, words like web and software are usually known by everyone. They are from English or are made up, like Google. And in the cooking industry, many words are French, like "sauté" or "omelette".

Globish also uses words that are already international. Travelers communicate using

az ember azt választja.

A Globish szavak listáján 1500 szó van. Körültekintően lettek kiválasztva a leggyakoribb angol szavak közül. Ezek fel vannak sorolva a könyv közepén. Az Oxford English Dictionary-ben körülbelül 615000 címszó van. Hogy lehet elég 1500 szó? Ez a könyv – az eredeti szöveg, ami Globish-ul van - azt az 1500 alapszót és annak a variációit használja.

Ez az 1500-as lista, természetesen, el fog fogadni néhány más szót is, amik egy szakmához vagy iparághoz kapcsolódnak: ezeket szakmai szavaknak nevezzük. Néhány szakmai szót mindenhol megértenek. A számítógépiparban az olyan szavak, mint web vagy software általában mindenki által ismertek. Ezek az angolból származnak, vagy úgy lettek kitalálva, mint a Google. A szakács szakmában sok szó francia, mint a „sauté" vagy az „omlett".

A Globish is használ olyan szavakat, amik már nemzetköziek. Az utazók

words like "pizza", "hotel", "police", "taxi", "stop", "restaurant", "toilets", and "photo".

1500 is a lot of words, because English has been a language where words "father" words. The children words of the first 1500 words are easy to learn. For instance, "care" is the father of "careful, carefully, carefulness, careless, carelessly, carelessness, uncaring, caretaker, etc..." It is the same with "use" and hundreds of other words. If you count all the fathers and their children you find over 5,000 Globish words.

Experts say most native English speakers use only about 3,500 words. Well-educated speakers may know many more words but probably only use about 7,500 words. It is demonstrated that

olyan szavakat használva kommunikálnak, mint „pizza", „hotel", „police", „taxi", „stop", „restaurant", „toilets" vagy „photo".

Az 1500, az sok szó, mert az angol egy olyan nyelv, ahol a szavak új szavakat „nemzenek". Az első 1500 szó „gyerek szavait" könnyű megtanulni. Például a „care" (gond) szó az apja a „careful (gondos), carefully (gondosan), carefulness (óvatosság), careless (gondatlan), carelessly (gondatlanul), carelessness (gondatlanság), uncaring (nemtörődöm), caretaker (gondnok), stb..." szavaknak. És ez ugyanaz a „use" (használ) szóval és több száz más szóval is. Ha megszámolod az összes „apa szót" és a „gyerekeiket", több mint 5000 Globish szót találsz.

Szakértők azt mondják, hogy a legtöbb angol anyanyelvű körülbelül csak 3500 szót használ. A jól képzett beszélők lehet, hogy sokkal több szót ismernek, de valószínűleg körülbelül csak 7500 szót

even native speakers with high education say 80% of what they have to say with only 20% of their word-wealth. This is only one good example of a universal law called the "Pareto Principle", named after its Paris-born inventor. The Pareto Principle states: For all things that happen, 80% of the results come from 20% of the causes. So, 20% of the educated native speaker's 7500 word wealth is....1500. So with 1500 words, you may communicate better than the average native English speaker, and perhaps as well as the highly-educated one – for 80% of the ideas. For the 20% left over, in Globish you can use a definition instead. You will not say "my nephew", as this could be too difficult in many non-English speaking countries. You will say instead: "the son of my brother". It will be all right.

használnak. Bizonyított, hogy még a magasan képzett anyanyelvű beszélők is, a 80%-át annak, amit mondaniuk kell, a szókészletük csupán 20%-val mondják el. Ez csak egy jó példája annak az egyetemes törvénynek, amit „Pareto-törvénynek" neveznek, a Párizsban született feltalálója után. A Pareto-törvény azt állítja, hogy: minden dologban ami történik, az eredmény 80%-a az okok 20%-ából fakad. Ekként a tanult anyanyelvű beszélő 7500-as szókészletének a 20%-a...1500. Így 1500 szóval lehet, hogy jobban kommunikálsz, mint az átlag angol anyanyelvű, és talán ugyanolyan jól, mint a magasan képzett – az esetek 80%-ban. A maradék 20%-ban, Globish-ul egy meghatározást tudsz használni helyette. Nem azt fogod mondani, hogy „az unokaöcsém (my nephew)", mert ez túl bonyolult lehet sok nem angol anyanyelvű országban. Hanem azt fogod mondani helyette, hogy: „a bátyám fia". És ez így rendben

50

lesz.

But where did the 1500 words come from?

Various lists of most-commonly-used English words have suggested the 1500 basic words of Globish. However, the value of a set of words should not be by the place they come from but how well we use them.

Globish is correct English *and* it can communicate with the greatest number of people all over the world. Of course, native English speakers can understand it very quickly because it is English. And even better: they usually do not notice that it is Globish. But non-native English speakers *do* see the difference: they understand the Globish better than the English they usually hear from native English speakers.

De honnan jött ez az 1500 szó?

A leggyakrabban használt angol szavak különféle listái vetették fel az 1500 Globish alapszót. Azonban, a szavak halmazának értékét nem a származási helyük alapján kellene megítélni, hanem, hogy milyen hasznosan használjuk őket.

A Globish korrekt angol, *és* a legtöbb emberrel képes is kommunikálni az egész világon. Természetesen, ezt az angol anyanyelvűek is nagyon gyorsan meg tudják érteni, hiszen ez angol. Sőt, még jobb is: általában észre sem veszik, hogy ez Globish. De a nem angol anyanyelvűek látják a különbséget: jobban értik a Globish-t, mint azt az angolt, amit általában az anyanyelvi beszélőktől hallanak.

51

Technical Words

Technical - with a scientific bases, or used by a profession

International Words

Pizza - an Italian food found most places in the world

Restaurant - a place to eat where you buy single meals

Toilets - places to wash hands and do other necessary things

Hotel - a place to stay where you pay for the rooms each night

Photo - a picture taken with a camera

Police - men or women who make certain you follow the law

Saute - French way of cooking, makes meat or vegetables soft

Piano - a large box with many keys to make music with

Taxi - a care and driver you pay to take you individual places

Omelette - a way of cooking meals with eggs

Chapter 6

The Value of a Middle Ground

There is a story about one of the authors. He worked for an American oil exploration company in his youth. He did not grow up in Oklahoma or Texas like the other workers. One time he had to work with map makers in the high plains of Wyoming. There, the strong winds are always the enemy of communication.

His job was to place recording devices on a long line with the map makers. He would go ahead first with a tall stick, and the oil company map makers behind would sight the stick from far away. They waved at him, to guide him left or right. Then he would shout out the number of the device he planted there, on that straight line. The wind was very loud

6. fejezet

Egy közös alap értéke

Van egy történet az egyik szerzőről. Egy amerikai olajkutató vállalatnak dolgozott fiatalkorában. De ő nem Oklahomában vagy Texasban nőtt fel, úgy, mint a többi munkás. Egyszer térképkészítőkkel kellett együtt dolgoznia Wyoming magas síkságain. Ott az erős szelek mindig a kommunikáció ellenségei.

Az volt a feladata, hogy rögzítő eszközöket helyezzen el egy hosszú vonal mentén a térképkészítőkkel. Ő ment előre először egy magas rúddal, így hátul az olajvállalat térképkészítői már messziről látták a rudat. Integettek neki, hogy jobbra vagy balra irányítsák. Aztán odakiabálta az eszköz számát, amit odarakott, arra az egyenes vonalra. A szél

and he had to shout over it. But often the map makers from Oklahoma and Texas would just shake their heads. They could not understand what he shouted. The boy couldn't talk right – they said.

Then one night, all the men had drinks together. They said they did not want to fire him, but they could not understand his numbers in the wind. After a few more drinks, they decided they could be language teachers. They taught him a new way to count, so the wind would not take away the numbers when he shouted them.

Some of the numbers in the new dialect of English sounded familiar, but others were totally different: (1) "wuhn" (2) "teu" (3) "thray" (4) "foar" (5) "fahve" (6) "seex" (7) "sebn" (8) "ate" (9) "nahne" (10) "teeyuhn" (11) "lebn", and on like that. The map-makers were very happy, and not just because of the drinks. They had saved more than a job. They felt

nagyon hangos volt, így túl kellett azt kiabálnia. De gyakran a térképkészítők Oklahomából és Texasból csak rázták a fejüket. Nem értették mit kiabál. A fiú nem tudott jól beszélni – azt mondták.

Aztán az egyik este a férfiak együtt ittak. Azt mondták, nem akarják kirúgni, de nem értik a számait a szélben. Néhány további ital után eldöntötték, hogy ők is tudnak nyelvtanárok lenni. Tanítottak neki egy új számolási módot, így a szél nem fogja elvinni a számokat, amikor azokat kiabálja.

Néhány szám, az új angol dialektusban ismerősnek hangzott, de a többi teljesen különböző volt: (1, one) „wuhn" (2, two) „teu" (3, three) „thray" (4, four) „foar" (5, five) „fahve" (6, six) „seex" (7, seven) „sebn" (8, eight) „ate" (9, nine) „nahne" (10, ten) „teeyuhn" (11, eleven) „lebn", és így tovább. A térképkészítők nagyon boldogok voltak, és nem csak

they had saved a soul. They had taught someone to "talk right" as they knew it.

Many people have experiences like this. If we do not speak different languages or dialects, at least we speak differently at times. We can copy different accents. Sometimes we speak in new ways to make it easier for others to understand us, and sometimes to sound like others so we are more like them. We often use different ways of speaking for jokes.

It should be easy to use Globish – the same words for everyone everywhere in the world. One language for everyone would be the best tool ever. It would be a tool for communication in a useful way. It might not be as

az italok miatt. Többet mentettek meg, mint egy állás. Úgy érezték, hogy egy lelket mentettek meg. Megtanítottak valakit „helyesen beszélni", ahogy azt ők tudták.

Sok embernek vannak ilyen élményei. Ha nem is beszélünk különböző nyelveket vagy dialektusokat, időnként mégis másként beszélünk. Le tudunk másolni különböző akcentusokat. Néha új stílusokban beszélünk, hogy könnyebbé tegyük másoknak, hogy megértsenek minket, és néha azért, hogy úgy hangozzunk, ahogy a többiek, hogy mindinkább olyanok lehessünk, mint ők. Gyakran használunk különböző stílusokat viccek meséléséhez.

A Globish használata könnyű kellene hogy legyen – ugyanazok a szavak mindenkinek mindenhol a világban. Mindenkinek egy nyelv a valaha volt legjobb eszköz lenne. Ez egy eszköz volna a kommunikációhoz,

good for word games as English, or as good for describing deep feelings. But Globish would be much better for communication between - or with - people who are not native English speakers. And, of course, native English speakers could understand it too.

So Globish makes an effective tool. You'll be able to do almost anything with it, with a good understanding of what it is and how it works.

But Globish does not aim to be more than a tool, and that is why it is different from English. English is a cultural language. It is a very rich language. It sometimes has 20 different words to say the same thing. And it has a lot of different ways of using them in long, *long* sentences. Learning all the rest of English is a lifetime of work but there is a good reward. People who learn a lot of English have a rich world of

egy jól használható módon. Talán nem olyan jó a szójátékokhoz, mint az angol, vagy a mély érzések leírásához. De a Globish sokkal jobb volna a kommunikációhoz olyan ember között - vagy olyan emberekkel -, akik nem angol anyanyelvűek. És, természetesen, az angol anyanyelvűek is megértenék azt.

Így a Globish egy hatékony eszközt képvisel. Szinte mindenre képes leszel ezzel, ha érted, hogy mi ez, és hogy működik.

De a Globish nem szándékozik több lenni, mint egy eszköz, és ezért különböző az angoltól. Az angol egy kulturális nyelv. Egy nagyon gazdag nyelv. Néha 20 különböző szó van, hogy elmondjuk ugyanazt a dolgot. És sok különböző módon lehet használni őket hosszú, *hosszú* mondatokban. Megtanulni a többi részét az angolnak, egy életen át tartó munka, de van egy nagyszerű jutalom. Azoknak

culture to explore. They do a lot of learning and can do a lot with what they learn.

But Globish does not aim so high. It is just meant to be a necessary amount. Globish speakers will enjoy travel more, and can do business in Istanbul, Kiev, Madrid, Seoul, San Francisco and Edinburgh.

This will be worth repeating: *Globish is "enough" and less than Globish would be not enough. But more than Globish could be too much, and when you use too much English, many people will not understand you.*

This confuses some people, especially English teachers. They say: "How is better English, richer English, *not always* better?" English teachers like people to enjoy the language, to learn more and more English. It is their

az embereknek, akik sok angolt tanulnak, ott van egy kultúra gazdag világa, ami felfedezésre vár. Nagyon sokat tanulnak, és sokat is tudnak csinálni azzal, amit tanulnak.

De a Globish nem tör olyan magasra. Csupán egy szükséges mennyiségnek kell meglennie. A Globish-ul beszélők még jobban fogják élvezni az utazást, és üzleteket tudnak kötni Isztanbulban, Kijevben, Madridban, Szöulban, San Fransisco-ban és Edinburgh-ben.

Meg fogja érni ismételgetni ezt: *A Globish „elég", és kevesebb mint a Globish nem volna elég. De több mint a Globish talán túl sok, és amikor túl sok angolt használsz, sok ember nem fog megérteni.*

Ez összezavar néhány embert, különösképpen az angoltanárokat. Ezt mondják: „Hogy van az, hogy a jobb angol, a gazdagabb angol *nem mindig* jobb?" Az angoltanárok szeretik, ha az emberek élvezik a nyelvet, és

57

job.

When we see native speakers speak English it seems so easy. We think it should be easy for non-native speakers too. But when we look at English tests, we see that all kinds of English are used. There is no clear level of English, just more and more of it. For example, the TOEIC (Test of English for International Communication) does not tell you when you are ready. It does not say when you have "acceptable" English. Globish is a standard that you can reach. A Globish test can tell you if you have a required amount of language to communicate with other people. That is what brings "understanding" – and either we have it, or we don't.

The British Council says (in Globish again):

"For ELF (English as a Lingua Franca) being <u>understood</u> is most important, rather more

ha több és több angolt tanulnak. Ez a munkájuk.

Amikor anyanyelvűeket látunk angolul beszélni, könnyűnek tűnik. Azt gondoljuk, ennek könnyűnek kellene lennie a nem anyanyelvűeknek is. De amikor megnézünk angol teszteket, azt látjuk, hogy mindenfajta angol fel van használva. Nincs egy világos szintje az angol nyelvnek, csak egyre több és több. Például a TOEIC nyelvvizsga nem mondja meg, mikor vagy felkészült. Nem mondja meg, mikor van „elfogadható" angolod. A Globish egy standard, amit el tudsz érni. Egy Globish teszt meg tudja mondani, hogy megvan-e a szükséges mennyiségű nyelvtudásod ahhoz, hogy kommunikálj más emberekkel. Ez az, ami „megértést" hoz – és az vagy megvan, vagy nincs.

A British Council ezt mondja:

"Az ELF-hez (English as a Lingua Franca, az angol mint egy lingua franca) a

important than being perfect. The goal of English – within the ELF idea – is not a native speaker but a good speaker of two languages, with a national accent and some the special skills to achieve understanding with another non-native speaker."

These non-native speakers, in many cases, speak much less perfect English than native speakers. Speaking with words that go past the words they understand is the best way to lose them. It is better then, to stay within the Globish borders. It is better to do that than to act as if you believe that the best English shows the highest social status. **With Globish, we are all from the same world.**

legfontosabb az, hogy <u>megértsenek</u>; sokkal fontosabb, mint tökéletesnek lenni. Az angol célja – ELF elgondoláson belül – nem egy anyanyelvi beszélő, hanem egy olyan ember, aki jól beszél két nyelven, egy sajátos akcentussal, és néhány speciális készséggel, ami létrehoz megértést egy másik nem anyanyelvűvel."

Ezek a nem anyanyelvi beszélők sok esetben sokkal kevésbé tökéletes angolt beszélnek, mint az anyanyelvűek. Olyan szavakat mondani, amik meghaladják azokat a szavakat, amiket ők megértenek, a legjobb módja annak, hogy elveszítsük őket. Ezért jobb a Globish határain belül maradni. Jobb így tenni, mint úgy csinálni, mintha elhinnéd, hogy a legjobb angol a legmagasabb szociális státuszt mutatja. **A Globish-sal mi mindannyian ugyanabból a világból származunk.**

Chapter 7

The Beginnings of Globish

The *most* important thing about Globish is that it started with non-native English speakers. Some English professor could have said "I will now create Globish to make English easy for these adults who are really children." Then Globish would not be global, but just some English professor's plaything. But the true Globish idea started in international meetings with British, Americans, continental Europeans, and Japanese, and then Koreans. The communication was close to excellent between the British and the Americans. But it was not good between those two and the other people. Then there was a big surprise: the communication between the last three groups, continental

7. fejezet

A Globish kezdetei

A *legfontosabb* dolog a Globish-ról az, hogy a nem angol anyanyelvűekkel kezdődött. Valamelyik angol professzor mondhatta volna, hogy „most létre fogom hozni a Globish-t, hogy könnyűvé tegyem az angolt ezeknek a felnőtteknek, akik valójában gyerekek". A Globish ekkor nem volna globális, csak valami angol professzor játékszere. De a valós Globish eszme nemzetközi tárgyalásokon kezdődött, britekkel, amerikaiakkal, európaiakkal, japánokkal és koreaiakkal. A kommunikáció közel volt a tökéleteshez a britek és az amerikaiak között. De nem volt jó eme kettő és a többiek között. Aztán volt egy nagy meglepetés: a kommunikáció az utolsó három csoport között (európaiak, japánok és

Europeans, Japanese, and Koreans, was among the best. There seemed to be one good reason: they were saying things with each other that they would have been afraid to try with the native English speakers – for fear of losing respect. So all of these non-native speakers felt comfortable and safe in what sounded like English, but was far from it.

But those non-native English speakers were all *talking* to each other. Yes, there were many mistakes. And yes, the pronunciation was strange. The words were used in unusual ways. Many native English speakers think English like this is horrible. However, the non-native speakers were enjoying their communication.

But as soon as one of the English or Americans started speaking, everything changed in one second. The non-native speakers stopped talking; most were afraid of speaking to the native English speakers. None of

koreaiak) a legjobbak között volt. Úgy tűnt egyetlen jó ok volt erre: olyan dolgokat is mondtak egymásnak, amiket féltek volna megpróbálni az angol anyanyelvűekkel – tartva a tisztelet elvesztésétől. Így ezek a nem anyanyelvi beszélők kényelmesen és biztonságban érezték magukat abban, ami úgy hangzott, mint az angol, de mégis messze volt attól.

De azok a nem anyanyelvi beszélők, mind egymáshoz *beszéltek*. Igen, sok hiba volt. És igen, a kiejtés furcsa volt. A szavakat szokatlan módon használták. Sok angol anyanyelvű azt gondolja, hogy az olyan angol mint ez, borzalmas. Akárhogy is, a nem anyanyelvűek élvezték a kommunikációjukat.

De amint az egyik angol vagy amerikai elkezdett beszélni, minden megváltozott egy másodperc alatt. A nem anyanyelvű beszélők abbahagyták a beszélgetést; a legtöbben féltek beszélni az angol anyanyelvűekkel.

them wanted to say a word that was incorrect.

It is often that way across the world. Non-native English speakers have many problems with English. Some native English speakers say non-natives speak "broken English." In truth, non-native English speakers talk to each other effectively *because* they respect and share the same limitations.

The Frenchman and the Korean know they have similar limitations. They do not use rare, difficult-to-understand English words. They choose words that are "acceptable" because they are the easiest words they both know. Of course, these are not always those of the native speakers, who have so many more words to choose from.

The idea of Globish came from this observation: limitations are not always a

Egyikük sem akart kimondani olyan szót, ami helytelen.

Ez gyakran van így világszerte. A nem angol anyanyelvűeknek sok problémájuk van az angollal. Néhány angol anyanyelvű azt mondja, hogy a nem anyanyelvűek „tört angolt" beszélnek. Valójában a nem angol anyanyelvűek hatékonyan beszélnek egymással, *mert* azonos korlátokat osztanak és tartanak tiszteletben.

A francia és a koreai tudja, hogy hasonló korlátaik vannak. Nem használnak ritka, nehezen érthető angol szavakat. Olyan szavakat választanak, amik „elfogadhatóak", mert azok a legkönnyebb olyan szavak, amiket mindketten ismernek. Természetesen, ezek nem mindig azok, amiket az anyanyelvi beszélők használnának, akik sokkal több szóból választhatnak.

A Globish gondolata ebből a megfigyelésből származik: a korlátok nem mindig

problem. In fact, they can be useful, if you understand them. Jean-Paul Nerrière could see that "*if we can make the limitations exactly the same, it will be as if there are no limitations at all*". He decided to record a limited set of words and language that he observed in most non-English speakers. He then suggested that people from various mother tongues can communicate better if they use these carefully chosen limitations. Globish is that "common ground."

jelentenek problémát. Tulajdonképpen hasznosak is lehetnek, ha érted őket. Jean-Paul Nerrière meglátta, hogy *"ha képesek vagyunk a korlátokat pontosan azonossá tenni, akkor az olyan, mintha egyáltalán nem is lennének korlátok"*. Elhatározta, hogy feljegyzi azt a korlátozott szókészletet és nyelvet, amit megfigyelt a legtöbb nem angol anyanyelvű beszélő között. Majd megállapította, hogy a különböző anyanyelvű emberek jobban tudnak kommunikálni, ha ezeket a gondosan megválasztott korlátokat használják. A Globish ez a „közös alap".

Nearly-Identical Limitations Worldwide
Majdnem azonos korlátok világszerte

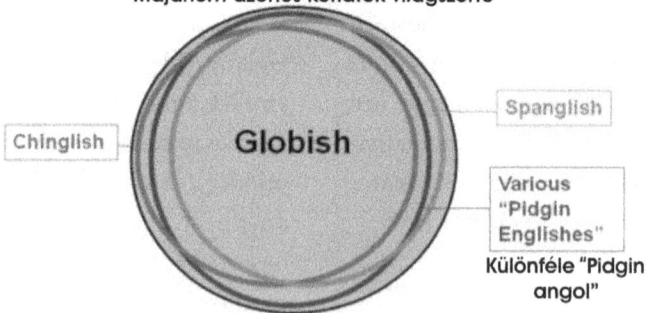

Chinglish

Globish

Spanglish

Various "Pidgin Englishes"
Különféle "Pidgin angol"

Globish Combines Limitations
A Globish egyesíti a határokat

This theory of limitations is not as strange as it might seem at first. Most human activities have some limitations.

The World Cup is one of the most-watched competitions in the world, because its set of "limitations" makes it a great game for everyone. In this game of foot-ball, players must use their feet most of the time to control the ball, so tall people and people with big arms do not always win. Some people say it is dancing with the ball; the limitations make it beautiful.

Ballet, of course, has limitations too; it is what you say with your body. And people of every language enjoy both of these. The beauty happens when the limitations are the same. Globish is about having the same limitations, so there is no limit to what can be communicated between

A korlátok ezen elmélete nem olyan furcsa, mint ahogy az elsőre tűnhet. A legtöbb emberi tevékenységnek vannak korlátai.

A Világ Kupa a legnézettebb versenyek egyike a világon, mert a korlátainak a rendszere mindenki számára egy nagyszerű játékká teszi. Ebben a fajta futballban a játékosoknak a lábukat kell használniuk legtöbbször, hogy irányítsák a labdát, így a magas emberek és a hosszú karú emberek nem mindig győznek. Néhányan azt mondják, hogy ez tánc a labdával; a korlátok teszik gyönyörűvé.

A balettnak, természetesen, szintén vannak korlátai; ez az, amit a testeddel mondasz. És minden nyelv embere élvezi mindkettőt. A gyönyör akkor történik, amikor a korlátok azonosak. A Globish is az azonos korlátokról szól, így nincs korlát abban, hogy mit lehet kommunikálni olyan emberek között, akik

people speaking or writing or reading Globish.

We hope the dancers will not start singing in ballets. But what happens when you can use your hands in "football?" Then – mostly in the English-speaking cultures – we see their American football and Rugby football. These do not have the limitations of playing only with their feet. Not as many people in the world can sit together and enjoy watching. It is not something they all can share, all knowing the same limitations.

The limitations of Globish also make it easier to learn, easier to find a word to use. Native English speakers seem to have too many words that say the same thing and too many ways to say it.

So communication between non-native speakers can be much more effective when

Globish-ul beszélnek, írnak vagy olvasnak.

Reméljük, hogy a táncosok nem fognak elkezdeni énekelni a balettban. De mi történik, amikor használhatod a kezeidet a fociban? Akkor – leginkább az angolul beszélő kultúrákban – amerikai focit vagy rögbit látunk. Ezeknek nincs az a korlátja, hogy csak a lábukkal lehet játszani. Nem is tud olyan sok ember a világban együtt leülni és élvezni azt. Ez nem egy olyan dolog, amit mindannyian meg tudnak osztani, mert nem ismerik mindannyian ugyanazokat a korlátokat.

A Globish korlátai is könnyebbé teszik megtanulni, és megtalálni a használni kívánt szót. Úgy tűnik, hogy az angol anyanyelvűeknek túl sok olyan szavuk van, ami ugyanazt a dolgot jelenti, és túl sok módjuk is, hogy azt elmondják.

Így a kommunikáció a nem anyanyelvűek között sokkal hatékonyabb tud lenni,

they are using Globish. And if non-native and native speakers use Globish between themselves, both of them will understand. Most people would think that native English speakers could know how to speak Globish in one second. But that is not true. Native English speakers who use too many words in too many ways are, in fact, missing a huge opportunity to communicate with the world.

The British Council tells us (here in Globish):

"People have wondered for years whether English is so solid in international communication that even the rise of China could not move it from its high position. The answer is that there is already a new language, which was being spoken quietly while native-speakers of English were looking the other way. These native-speakers of English were too happy when they thought their language was the

amikor a Globish-t használják. És ha nem anyanyelvi és anyanyelvi beszélők használják a Globish-t egymás között, mindketten érteni fogják azt. A legtöbb ember azt gondolná, hogy az angol anyanyelvűek egy másodpercen belül tudnák, hogyan kell Globish-ul beszélni. De ez nem igaz. Azok az angol anyanyelvűek, akik túl sok szót használnak, túl sok módon, valójában elmulasztanak egy óriási lehetőséget, hogy kommunikáljanak a világgal.

A British Council ezt mondja:

„Az emberek évek óta azon tűnődnek, hogy az angol van-e olyan erős a nemzetközi kommunikációban, hogy még Kína felemelkedése sem tudná elmozdítani ebből az előkelő helyzetéből. A válasz az, hogy már van egy új nyelv, amit a háttérben beszéltek, amíg az angol anyanyelvűek a másik irányba néztek. Ezek az angol anyanyelvűek túl boldogok voltak, amikor azt gondolták, az

best of all. The new language that is pushing out the language of Shakespeare as the world's Lingua Franca is English itself – English in its new global form. As this book (English Next) shows, this is not English as we have known it, and have taught it in the past as a foreign language. It is a new happening, and if it represents any kind of winning, it will probably not be the cause of celebration by native English speakers."

The British Council continues (in our Globish):

"In organizations where English has become the business language, meetings sometimes go more smoothly when no native speakers are present. Globally, the same kind of thing may be happening, on a larger scale. This is not just because non-native speakers fear to talk to a native speaker. The change is that soon the problem may be that few native speakers will be accepted in the community of lingua franca users. The presence of native English speakers gets in the way of

ő nyelvük mind közül a legjobb. Az új nyelv, ami tolja kifelé Shakespeare nyelvét, mint a világ lingua franca-ja, az maga az angol – angol, a maga új globális formájában. Ahogy ez a könyv (English Next) mutatja, ez nem olyan angol, ahogy azt ismertük, vagy tanítottuk a múltban, mint egy idegen nyelvet. Ez egy új folyamat, és ha ez képvisel bármilyen fajta győzelmet, az valószínűleg nem az angol anyanyelvűeknek lesz ok az ünneplésre."

A British Council így folytatja (az eredeti szövegben Globish-ul):

„Olyan szervezeteknél, ahol az angol vált az üzleti nyelvvé, néha a tárgyalások zökkenőmentesebben mennek, amikor nincs jelen anyanyelvi beszélő. Globálisan, lehet, hogy ugyanilyen dolog történik, csak nagyban. Ez nem csak azért van, mert a nem anyanyelvűek félnek anyanyelvi beszélővel beszélni. A változás az, hogy hamarosan az lehet a probléma, hogy csak kevés anyanyelvi beszélő lesz befogadva a lingua franca-t használók közösségébe. Az angol anyanyelvűek jelenléte a

68

communication."

Strangely, many native English speakers still believe they can do all things better than non-native speakers just because they speak better English. How long will it take for them to understand that they are wrong? They have a problem that *they are not able* to understand. They do not see that many non-native speakers simply cannot understand them. This does not mean the native speaker's English is bad. It means that their *communication* is bad; sometimes they do not even attempt to make their communication useful to everyone. Often they don't know how.

We want everyone to be able to speak to and understand everyone. There is a middle ground, but the native English speakers are not the ones drawing the borders. And because you may not be able to say this to a native speaker, who might not be able to understand – we will

kommunikáció útjában van."

Furcsa módon, sok angol anyanyelvű még mindig azt hiszi, hogy mindent jobban tudnak csinálni, mint a nem anyanyelvi beszélők, csak azért, mert jobban beszélnek angolul. Mennyi ideig fog tartani, hogy megértsék, tévednek? Van egy problémájuk, amit *nem képesek* megérteni. Nem látják, hogy sok nem anyanyelvi beszélő egyszerűen nem érti őket. Ez nem azt jelenti, hogy az angol anyanyelvű angolja rossz. Ez azt jelenti, hogy a *kommunikációjuk* rossz; néha meg sem kísérlik hasznossá tenni a kommunikációjukat mindenki számára. Gyakran nem is tudják, hogy hogyan.

Azt szeretnénk, hogy mindenki képes legyen beszélni és megérteni mindenkit. Van egy közös alap, de nem az angol anyanyelvűek azok, akik megrajzolják a határokat. És mert lehet, hogy te nem tudod ezt elmondani egy anyanyelvi beszélőnek, aki

say it here.

To belong to the international community, a native English speaker must:

- **understand**.... what is explained in this book,

- **accept**.... that it is the fact of a new world which has many new powers that will be as strong as the English-speaking countries,

- decide **to change** with this new reality, in order to still be a member.

Whenever a native English speaker acts as if *you* are the stupid one, **please give them this book**. If they choose to take no notice of their problem, they will be left out of communication. They will be left out of activities with others – worldwide – if they do not learn to "limit" the way they use their language. English speakers need to

talán nem is képes megérteni azt - mi fogjuk elmondani itt.

Ahhoz, hogy a nemzetközi közösséghez tartozzon, egy angol anyanyelvűnek kell:

- **értenie**....ami el van magyarázva ebben a könyvben,

- **elfogadnia**...hogy az tény, hogy ez egy olyan új világ, amiben sok olyan új hatalom van, amelyek olyan erősek lesznek, mint az angolul beszélő országok,

- elhatározni, hogy **változni** fog ezzel az új valósággal, hogy továbbra is tagja maradjon.

Valahányszor egy angol anyanyelvű úgy tesz, mintha te lennél a buta, **kérlek, add neki ezt a könyvet**. Ha úgy döntenek, hogy nem veszik észre a problémájukat, ki lesznek hagyva a kommunikációból. Ki lesznek hagyva a másokkal zajló tevékenységekből – világszerte – ha nem tanulják meg korlátozni annak a

70

limit both spoken and written English for communication with non-native English speakers. In short, they too need to "learn" Globish. It is not an easy exercise, but it can be done. Some of this book will help them.

Globish has a special name

It is very important that the Globish name is *not* "English for the World" or even "Simple English." If its name were *any kind* of English, the native English speakers would say. "OK, we won. Now all you have to do is speak better English." Without the name Globish, they will not understand it is a special kind of English, and it is no longer "their" English. Most native English speakers who understand this should decide they like it. Hopefully they will say: "Now I understand that I am very lucky. Now my language will

módját, ahogy használják a nyelvüket. Az angol anyanyelvűeknek korlátozniuk kell mind a beszélt, mind az írott angolt a kommunikációhoz a nem angol anyanyelvűekkel. Egy szóval, nekik is meg kell tanulniuk a Globish-t. Ez nem egy egyszerű feladat, de meg lehet csinálni. Néhány része ennek a könyvnek segíteni fog nekik.

A Globish-nak van egy saját neve

Nagyon fontos, hogy a Globish név **nem** az, hogy „Angol a világnak" és nem is az, hogy „Egyszerű angol". Ha a neve *bármilyen fajta* angol volna, az angol anyanyelvűek azt mondanák, hogy: „OK, mi győztünk. Most minden, amit tenned kell az az, hogy beszélj jobban angolul." A Globish név nélkül nem fogják megérteni, hogy ez egy különleges fajta angol, és hogy ez már többé nem az „ő" angoljuk. A legtöbb angol anyanyelvűnek, aki megérti ezt, úgy kellene döntenie, hogy tetszik neki.

be changed a little for the rest of the world. Let me do my best, and they can do their best, and we will meet in the middle."

So *Globish* is a word that tells native English speakers – and non-native speakers – that Globish has a different meaning. Globish is the global language, the language people everywhere can speak. Globish is a name to say that there are limits which everyone can learn. There is a clear set of things they need to learn. And when they learn them, they are done.

Language is equal on this Globish middle ground. No one has an edge. No one can be above anyone else because of language. This is the land where everybody can offer the best ideas with all of his

Remélhetőleg ezt fogják mondani: „Most már értem, hogy nagyon szerencsés vagyok. A nyelvemet kicsit meg fogják változtatni a világ többi részének. Hadd tegyek a legjobb tudásom szerint, és ők is a legjobbjuk szerint, és középen találkozni fogunk."

Szóval a *Globish* egy olyan szó, ami elmondja az angol anyanyelvűeknek – és a nem anyanyelvűeknek –, hogy a Globish-nak egy más jelentése van. A Globish a világnyelv; a nyelv, amit az emberek mindenhol tudnak beszélni. A Globish egy név ahhoz, hogy elmondjuk, hogy vannak korlátok, amiket mindenki meg tud tanulni. Létezik a dolgok egy világos halmaza, amit meg kell tanulniuk. És amikor megtanulják azt, akkor kész vannak.

A nyelv egyenrangú ezen a Globish közös alapon. Senkinek sincs előnye. Senki sem lehet senki más felett a nyelv miatt. Ez az a föld, ahol mindenki a legjobb ötleteit tudja nyújtani az összes

or her professional and personal abilities. Globish will be a foreign language to everyone, without exception. It is not "broken English." It is another version of English to which no native English speaker was born.

We all come together here.

szakmai és személyes képességével. A Globish egy idegen nyelv lesz mindenki számára, kivétel nélkül. Ez nem „tört angol". Ez egy más változata az angolnak, amire egyetlen angol anyanyelvű sem született.

Mi mindannyian összegyűlünk itt.

Chapter 8
Is Globish More Useful than English?

8. fejezet
Hasznosabb a Globish, mint az angol?

We talk a lot about international communication, but Globish is also important for *national* communication. In many countries, people speak several languages that are all important. Swiss people speak German, Italian, French or Romansh. Belgians speak French, German, Dutch or Flemish. The largest countries like India, and Russia, and China each have many local languages. Israelis speak Hebrew or Arabic. In many cases, all those people only know their own language. They cannot communicate together because they know only one language; their own. In some countries, even people who *can* speak another language try *not* to

Sokat beszélünk a nemzetközi kommunikációról, de a Globish a *nemzeti* kommunikációban is fontos. Sok országban az emberek számos nyelvet beszélnek, amik mind fontosak. A svájciak beszélnek németül, olaszul, franciául és románul. A belgák beszélnek franciául, németül, hollandul és flamandul. A legnagyobb országoknak, úgy mint Indiának, Oroszországnak vagy Kínának sok helyi nyelve van. Az izraeliek héberül vagy arabul beszélnek. Sok esetben ezek az emberek csak a saját nyelvüket ismerik. Nem tudnak egymással kommunikálni, mert csak egy nyelvet ismernek; a

speak it. It is the language of a group they do not like.

In all those cases, Globish is the solution. It is much better defined than the "broken English" which is left over from sad school days. Already, in many of these countries, people try to communicate in English just because it is neutral. It is not the language of any one group. Globish is good for them because it offers a solution and is easy to learn.

For people who do not have the time or the money for a full English program, Globish is good. Its plain and simple English will work for them. With Globish they can learn what they need – but no more. They also like the idea of Globish because it is a solution for the person in the street. English, in most cases,

sajátjukat. Néhány országban, még azok az emberek is, akik *tudnak* beszélni egy másik nyelvet, megpróbálják *nem* beszélni azt. Mert az annak a csoportnak a nyelve, akit nem szeretnek.

Mindezekben az esetekben a Globish a megoldás. Sokkal jobban meghatározott, mint a „tört angol", ami a szomorú iskolás napokból maradt hátra. Ezen országok közül már sokban, az emberek angolul próbálnak kommunikálni, csak mert az pártatlan. Ez egyik csoportnak sem a nyelve. A Globish megfelelő számukra, mert kínál egy megoldást, és könnyű megtanulni.

Azoknak, akiknek nincs idejük vagy pénzük egy teljes angol programra, a Globish a jó. Annak érthető és egyszerű angolja be fog válni számukra. A Globish-sal azt tudják megtanulni, amire szükségük van – és nem többet. Azért is szeretik a Globish eszméjét, mert az egy megoldás az utca emberének.

is available for educated people, the upper class. In these countries with more than one language, the rich can travel, and the rich can send their children to study in English-speaking countries. The poorest people also need English, to get ahead in their nation and the world, but they do not have the same resources. Globish will allow the people inside nations to talk more, and do more business there and with the rest of the world. That is the result of Globish – more national talk and more global talk.

What makes Globish more inviting is that people can use it very soon. The learners quickly learn some Globish, then more, then most of what they need, and finally all of it. So, Fast Early Progress (FEP)

Legtöbb esetben, az angol csak a tanult embereknek, a felső osztálynak érhető el. Azokban az országokban, ahol több mint egy nyelvet használnak, a gazdagok tudnak utazni, és a gazdagok el tudják küldeni angolul tanulni a gyerekeiket angolul beszélő országokba. A legszegényebb embereknek is szükségük van az angolra ahhoz, hogy boldoguljanak az országukban és a világban, de nekik nincsenek meg ugyanazok a források. A Globish lehetővé fogja tenni, hogy az emberek egy nemzeten belül többet beszéljenek, és hogy több üzletet kössenek helyben, illetve a világ többi részével is. Ez a Globish eredménye – több nemzeti kommunikáció és több globális kommunikáció.

Ami a Globish-t még vonzóbbá teszi az az, hogy az emberek nagyon hamar használni tudják. A tanulók gyorsan megtanulnak valamennyi Globish-t, aztán többet, aztán a legnagyobb

and a Clear End Point (CEP) improve the student's wish to continue. The Return On Effort (ROE) is just as important as ROI (Return On Investment) is for a business person. In fact, they are very much alike.

részét annak, amire szükségük van, és végül mindent. Így a Gyors Korai Fejlődés és a Világos Végső Pont növeli a tanuló vágyát, hogy tovább folytassa. Az Erőfeszítés Megtérülése ugyanolyan fontos, mint a Befektetés Megtérülése egy üzletembernek. Valójában, ezek nagyon hasonlóak.

globish

Gyors Korai Fejlődés		Világos Végső Pont		Erőfeszítés Megtérülése
Fast Early Progress (FEP)	**+**	**Clear End Point (CEP)**	**=**	**Return On Effort (ROE)**

Build on English you have. Globish doesn't need all the kitchen tools, English measures, cultural ideas, or perfect Oxford Pronunciation

Építs az angolra, amit tudsz. A Globish-ban nincs szükség a konyhai eszközök neveire, angol mértékegységre, kulturális ismeretekre vagy tökéletes oxfordi kiejtésre.

"Enough English" means you can do the most business, travel in the most countries, and talk to the most people, and write to the most people.

Az „Elégséges Angol" azt jelenti, hogy képes vagy a legtöbb üzletet megkötni, utazni a legtöbb országban, beszélni és írásban kommunikálni a legtöbb emberrel.

From "Enough" - each 5% "better" English requires another year of study. All people don't have the time or the money to be more perfect.

Az „elégséges"-nél minden 5%-kal "jobbnak" lenni, az angol még egy évnyi tanulást követel meg. Nem mindenkinek van ideje és pénze, hogy még tökéletesebb legyen.

An investor wants to see a valuable return, and a pathway to get there, and a defined end point. In this case, however, every person can be an investor in his or her own future.

The average person in the street has valuable skills or ideas that are not being used. If they cannot operate in all of their nation or all of the world, then those skills or ideas have much less value. So we are all investors.

There are several ways to learn Globish. Some learners know about 350 to 500 common words in English and can read and say them. Learning Globish can take these people about 6 months if they study for an hour every day, including practice writing and speaking. In six months, with more than 120 days of learning, they can learn just 10 words a day.

Egy befektető értékes megtérülést akar látni, és az odavezető utat, illetve egy meghatározott végpontot. Ebben az esetben azonban, mindenki lehet befektető a saját jövőjét illetően.

Az átlagembernek az utcán olyan értékes képességei és ötletei vannak, amik nincsenek használva. Ha nem tudnak együttműködni az egész nemzetükkel vagy az egész világgal, akkor azoknak a képességeknek és ötleteknek sokkal kevesebb értékük van. Tehát mi mindannyian befektetők vagyunk.

Különböző módjai vannak a Globish megtanulásának. Némely tanuló ismer 350-500 egyszerű angol szót, és el tudja olvasni, valamint ki tudja mondani azokat. A Globish megtanulása ezeknek az embereknek körülbelül 6 hónapig tart, ha egy órát tanulnak minden nap, beleértve az írás és a beszéd gyakorlását. Hat hónap alatt, több mint 120

That should not be too hard.

There may not be a class in Globish near you. However, if you know the limitations given in this book, you can direct a local English teacher to give you only those Globish words and only those Globish sentence structures. *You are the customer*, and you can find English teachers who will do what you ask them to. They do not have to be native-English speakers for you to learn.

Another good thing about this method is that you can start Globish where your last English stopped. If you start Globish knowing 1000 of the most-used English words, then it may take you only 3 *months* to master Globish. That is one of the best things about learning Globish. You know how much to do because you know where it will end.

nap tanulással, naponta 10 szót tanulnak meg. Ez nem kellene, hogy túl nehéz legyen.

Lehet, hogy nincs Globish tanfolyam a közeledben. Azonban, ha ismered azokat a korlátokat, amik adottak ebben a könyvben, irányítani tudsz egy helyi angoltanárt, hogy csak ezeket a Globish szavakat és Globish mondatszerkezeteket tanítsa neked. *Te vagy az ügyfél*, és tudsz találni olyan angoltanárokat, akik azt fogják csinálni, amit kérsz tőlük. Nem kell, hogy angol anyanyelvűek legyenek ahhoz, hogy tanulhass tőlük.

Egy másik jó dolog erről a módszerről az, hogy ott tudod elkezdeni a Globish-t, ahol a legutóbbi angoltanulásod abbamaradt. Ha úgy kezded a Globish-t, hogy tudod a leggyakrabban használt 1000 angol szót, akkor lehet, hogy csak 3 *hónap*ig tart, hogy tökéletesen megtanuld a Globish-t. Ez az egyik legjobb dolog a Globish

There are Globish learning materials available. This book – in Globish – has the 1500 words and some other things you need to know. There are a number of materials on Globish already written in local languages or in Globish. There are also computer-based courses, and even a Globish course on a cell phone, the most widely available tool in the world. A lot of written and audio Globish can now be in your pocket or bag.

We should say a few words about pronunciation here. A good teacher can explain how to make clear English sounds. Most teachers will also have audio for you to practice with those sounds. There is a lot of recorded material for learners to practice with. A lot of it is free on the radio, or the World Wide Web. And all of this audio is usually

tanulásban. Tudod mennyit kell megtenni, mert tudod, hol fog végződni.

Vannak elérhető Globish tananyagok. Ebben a könyvben megvan az 1500 szó és néhány más olyan dolog, amit tudnod kell. Számos anyag van már a Globish-ról, helyi nyelveken vagy éppen Globish-ul megírva. Vannak számítógép alapú kurzusok is, sőt van egy Globish kurzus mobiltelefonra is, ami a legszélesebb körben elérhető eszköz a világban. Sok írott és hanganyag formájú Globish lehet most már a zsebedben vagy a táskádban.

Itt szólnunk kellene néhány szót a kiejtésről. Egy jó tanár el tudja magyarázni, hogyan kell tiszta angol hangokat képezni. A legtöbb tanárnak lesznek hanganyagai a számodra; gyakorolni azokat a hangokat. Sok rögzített anyag van tanulóknak, hogy azokkal gyakoroljanak. Közülük sok ingyenes a rádióban, vagy a világhálón. És az összes ilyen hanganyag

available with the most perfect English accent you can dream of. It can be the Queen's accent. It can be President Obama's accent. It can be whatever you want. Learners should hear different kinds of accents.

You have read here already that a perfect pronunciation is not needed, but only an understandable one, and that is plenty. You must believe this. After all, what is a *perfect accent?* London? Glasgow? Melbourne? Dallas? Toronto? Hollywood? Hong Kong? They *all* think they are perfect! Still, it is widely accepted that only native English speakers can really teach English, and that the teachers with another background should feel like second-class citizens. But this world is changing...quickly.

Before this century, any native English speaker in any non-English-speaking

általában a legtökéletesebb angol akcentussal érhető el, amiről csak álmodni tudsz. Ez lehet a Királynő akcentusa. Lehet Obama elnök akcentusa. Ez lehet, amit csak akarsz. A tanulóknak hallaniuk kellene különböző fajta akcentusokat.

Azt már olvastad itt, hogy nincs szükség tökéletes kiejtésre, csak egy megérthetőre, és az elegendő. El kell ezt hinned. Végülis, mi az, hogy *tökéletes kiejtés?* London? Glasgow? Melbourne? Dallas? Torontó? Hollywood? Hongkong? Ők *mindannyian* azt gondolják, hogy tökéletesek. Mégis, széles körben elfogadott, hogy csak angol anyanyelvűek tudnak igazán angolt tanítani, és hogy a tanároknak, más származással, úgy kellene érezniük, mint egy másodrendű polgár. De ez a világ változik...gyorsan.

Ez az évszázad előtt, bármelyik angol anyanyelvű, bármelyik nem angolul

city could sound like he or she knew much more about English, just by pronouncing English quickly and correctly. Non-native English teachers were sometimes worried that they were not well-qualified. They worried that people would discover their English was not perfect. There is good news now. Those days are gone. The old ideas might have been correct about English teaching in the year 1900, but not now. This is a new century. And Globish is the new language in town.

If you are such a teacher of English, things will change for you... all to the better.

If you are such a teacher: welcome to a world that really wants what you can do.

Chapter 9
A Tool and... A Mindset

9. fejezet
Egy eszköz és... egy gondolkodásmód

Globish can achieve what it does because it is useful English *without* a huge number of words and cultural idioms. If Globish speakers can use just this middle level of English, they will be respected everywhere in the world. But the most important difference between English and Globish is how we think when we use Globish.

Who is responsible for effective communication? Is it the speaker and writer, or the listener and reader? The listener and reader cannot make communication good if the speaker or writer does not help. Who is guilty if the message does not get across? Who should do everything

A Globish azért tudja elérni, amit elér, mert ez hasznos angol, nagyszámú szavak és kulturális kifejezések *nélkül*. Ha a Globish-ul beszélők használni tudják az angolnak ezt a közép szintjét, tisztelve lesznek mindenhol a világban. De a legfontosabb különbség az angol és a Globish között az az, ahogy gondolkodunk, amikor a Globish-t használjuk.

Ki a felelős a hatékony kommunikációért? A beszélő és az író, vagy a hallgató és az olvasó? A hallgató és az olvasó nem képes a kommunikációt megfelelővé tenni, ha a beszélő vagy az író nem segít. Ki a bűnös, ha az üzenet nem megy át? Kinek kellene megtennie

possible to make sure he or she is understood?

In English, the usual native speaker would answer: "Not me. I was born with English as a mother tongue, and I started listening to it – and learning it – in my mother's arms. If you do not understand me, it is your problem. My English is perfect. When yours gets better, you will not have the same difficulty. If you lack the drive to learn it, this is your problem, and not mine. English is the most important language. I am not responsible for that, but there is nothing I can do to make it different."

Globish is the complete opposite: the person who wants to talk must come at least half the distance to the person he talks to. He or she must decide what is necessary to make the communication happen. The native English speaker or the excellent speaker of English

minden lehetségest, hogy biztos legyen abban, hogy megértették?

Angolul, az átlagos angol anyanyelvi beszélő ezt válaszolná: „Nem én. Én az angollal születtem, mint anyanyelv, és édesanyám karjaiban kezdtem el hallgatni – és tanulni – azt. Ha nem értesz engem, az a te problémád. Az én angolom tökéletes. Amikor a tied is jobb lesz, nem lesz ilyen problémád. Ha híján vagy a motivációval, hogy megtanuld, az a te problémád, és nem az enyém. Az angol a legfontosabb nyelv. Én nem vagyok ezért felelős, de semmi sincs, amit tehetnék, hogy ez másként legyen."

A Globish ennek a teljes ellentettje: annak az embernek, aki beszélni akar, legalább a távolság felét meg kell tennie annak a személynek az irányába, akihez beszél. El kell döntenie, mi szükséges ahhoz, hogy a kommunikáció

86

as a second language must say: "Today I must speak at the Globish level so this other person can understand me. If my listeners do not understand me, it is because I am not using the Globish tool very well. This is my responsibility, not theirs." Of course, not everyone accepts the idea of Globish yet. Perhaps they never heard about it. Perhaps they could never find the time to learn about it. Or perhaps they did not think they needed it.

Even if there are just two people, if this communication is important, Globish will help. This means you – the speaker – will take responsibility, using simple Globish words in a simple way, and using Globish "best practices" including body language

bekövetkezzen. Az angol anyanyelvi beszélőnek, vagy az angol, mint második nyelv tökéletes beszélőjének, ezt kell mondania: „Ma Globish szinten kell beszélnem, hogy ez a másik ember meg tudjon érteni. Ha a hallgatóim nem értenek meg, az azért van, mert nem használom a Globish eszközt elég jól. Ez az én felelősségem, nem az övék." Természetesen, még nem mindenki fogadja el a Globish eszméjét. Lehet, hogy sohasem hallottak róla. Lehet, hogy soha nem tudtak időt szakítani arra, hogy többet megtudjanak róla. Vagy az is lehet, hogy nem gondolták, hogy szükségük van rá.

Még akkor is, ha csak két emberről van szó, de az a kommunikáció fontos, a Globish segíteni fog. Ez azt jelenti, hogy te – a beszélő – vállalni fogod a felelősséget úgy, hogy egyszerű Globish szavakat használsz, egyszerű módon, illetve hogy használod a Globish „legjobb

and charts or pictures we can see. Most of all, when using Globish, the speaker should wait for the listeners, to check they understand.

If there is a group of people, maybe only one does not speak Globish. The speaker can think: "This person is the only one in the group who can not understand or communicate in Globish. That is too bad. I will ask one of the others to help that one by explaining what was said in this discussion."

So sometimes we decide it is better to communicate with those who understand, and let them tell any others. This means it is good to stop now and then, so the other persons can learn what was said. The English speakers will understand anyway, and the below-Globish level will not at all, but you must work with the identified

praktikákat"; ideértve a testbeszédet, ábrákat vagy képeket, amiket láthatunk. Leginkább -Globish-t használva - a beszélőnek várnia kellene a hallgatókra, hogy ellenőrizze, értik-e.

Ha van egy csoport, lehet, hogy csak egyetlen egy nem beszél Globish-ul. A beszélő elgondolkodhat: „Ez az ember az egyetlen a csoportban, aki nem ért, vagy nem tud kommunikálni Globish-ul. Nagy kár. Meg fogok kérni valakit a többiek közül, hogy segítse őt azzal, hogy elmagyarázza, ami elhangzott a megbeszélésen."

Tehát néha úgy döntünk, jobb kommunikálni azokkal, akik megértenek, és hagyjuk, hogy ők mondják el azt a többieknek. Ez azt jelenti, hogy néha jó megállni, így a többi ember is megtudhatja, hogy mi lett elmondva. Az angolul beszélők meg fogják érteni mindenképp, és a Globish szint alatt levők pedig egyáltalán nem, de

Globish group until you succeed. If you do not communicate with those, the failure will be yours.

On the other hand, there will be times when you are with native English speakers who do not know about the Globish guidelines, never heard of them, or just don't want to hear about it. But it is up to you to bring the discussion to the correct level. This is in your best interest, but it is also your duty, because many of the members of this group may already be lost in this discussion.

You must now be their Globish leader. They will be more than thankful to you for bringing the matter into the open without fear. It is easy. Many English speakers forget about others or just do not think about them. You just have to raise a hand, wave it until you are noticed, and say: "Excuse me, I am sorry but some of us do not

neked a meghatározott Globish csoporttal kell dolgoznod, amíg sikerrel nem jársz. Ha nem velük kommunikálsz, a kudarc a tied lesz.

Másrészről, lesznek alkalmak, amikor olyan angol anyanyelvűekkel leszel, akik nem ismerik a Globish irányelveket, sohasem hallottak róla, vagy egyszerűen nem akarnak hallani róla. De az rajtad múlik, hogy a megbeszélést a megfelelő szintre hozd. Ez a te legfőbb érdeked, és kötelességed is, mert sok tagja ennek a csoportnak talán már elveszett ebben a beszélgetésben.

Most neked kell az ő Globish vezetőjüknek lenned. Nagyon hálásak lesznek, amiért nyilvánosságra hozod a témát, félelem nélkül. Ez könnyű. Sok angol anyanyelvű megfeledkezik másokról, vagy csak nem gondol rájuk. Csak fel kell emelned a kezed, integetni, amíg észre nem vesznek, és ezt mondani: „Elnézést,

understand what you are saying. We need to understand you. Could you please repeat, in Globish please, this time?"

To be sure, you will have a reaction, and your native-speaker friend might understand the point for the rest of his or her life. You will have done a great service. But the first reaction is most likely going to be a surprise: "Globish, what's that?" It will give you a fine opportunity to explain the story you now understand, and give its reasons. At best you will have an interested native speaker, who wants to know more, will understand your explanation, and will become a much better global communicator, and a Globish friend. That person will see that Globish is often better than English because it is much more sympathetic.

As we said, pronunciations

sajnálom de néhányan közülünk nem értik mit mond. Meg kell hogy értsük Önt. Meg tudná kérem ismételni, Globish-ul ez alkalommal?

Biztosan fogsz kapni valamilyen reakciót, és az anyanyelvű barátod lehet, hogy egész életére megérti a lényeget. Egy óriási szívességet fogsz tenni. De a legvalószínűbb, hogy az első reakció a meglepetés lesz: „Globish? Mi az?" Ez egy nagyszerű alkalmat fog adni neked, hogy elmagyarázd a történetet, amit most már értesz, és hogy elmondd az értelmét. Legjobb esetben lesz egy érdeklődő anyanyelvi beszélőd, aki többet akar tudni, aki meg fogja érteni a magyarázatodat, és aki egy sokkal jobb globális kommunikátorrá fog válni, illetve egy Globish baráttá. Az az ember látni fogja, hogy a Globish gyakran jobb, mint az angol, mert sokkal elfogadóbb.

Ahogy mondtuk, a kiejtés

are "acceptable" as soon as they are understood. A foreign accent is never a mistake; it is part of a person's special quality. It makes you different, and can even make you sound sexy. People who have reasonable Globish pronunciation can now stop trying to make it "better" - or to get closer to some native English speaker's - if they are understood.

We said Globish is still correct English. This means you are expected to write and speak in correct English. The grammar should be reasonable -about subjects and actions, time and place. Globish does not worry about very small differences in American and British speech or spelling or grammar. (And neither should anyone else.)

Globish is much more forgiving because it is asking for understanding, not

„elfogadható", amint érthető. Egy idegen akcentus soha sem hiba; az része az ember különleges tulajdonságának. Mássá tesz, sőt képes szexissé tenni. Azok az emberek, akiknek elfogadható Globish kiejtésük van, most abbahagyhatják a próbálkozást, hogy azt jobbá tegyék - vagy, hogy közelebb kerüljenek az angol anyanyelvűekéhez - ha megértik őket.

Azt mondjuk, hogy a Globish még így is helyes angol. Ez azt jelenti, hogy azt várják tőled, hogy helyesen írj és beszélj angolul. A nyelvtannak megfelelőnek kellene lennie - az alany, a cselekmény, az idő és hely vonatkozásában. A Globish nem aggódik a nagyon kicsi különbségek miatt, amik az amerikai és a brit beszéd, helyesírás vagy nyelvtan között vannak. (És senki másnak sem kellene).

A Globish sokkal megbocsájtóbb, mert megértést kér, nem tökéletes

perfect English. But there is an extra benefit in Globish to all native and non-native speakers: simplicity. It is what older politicians tell younger politicians about their first speeches. It is what older advertising people tell the bright younger ones about making a successful advertisement. It is what news editors tell their young writers about making a good news story. And it is what every English speaking professor should tell every non-native English student about writing and speaking.

On one side of the ocean, Winston Churchill said: "Never use a pound (£) word when a penny (1d) one will do"...

And a similar saying known to Americans:

K. I. S. S. =

angolt. De van egy extra előny a Globish-ban mind az anyanyelvű, és mind a nem anyanyelvű beszélőknek: az egyszerűség. Ez az, amit az idősebb politikusok mondanak a fiatalabb politikusoknak az első beszédükről. Ez az, amit az idősebb reklám szakemberek mondanak az okos fiatalabbaknak a sikeres reklám készítéséről. Ez az, amit a hírszerkesztők mondanak a fiatal íróiknak egy jó hírblokk készítéséről. És ez az, amit minden angolul beszélő professzornak mondania kellene minden nem angol anyanyelvű diáknak az írásról és a beszédről.

Az óceán egyik oldalán, Winston Churchill ezt mondta: „Sohase használj egy „egy-fontos" szót, amikor egy „egy-penny-s" is megteszi..."

És egy hasonló mondás is ismert az amerikaiak körében:

CS.O.K. =

92

Keep It Simple,

Stupid.

Csak Ostobán,

Könnyen érthetően.

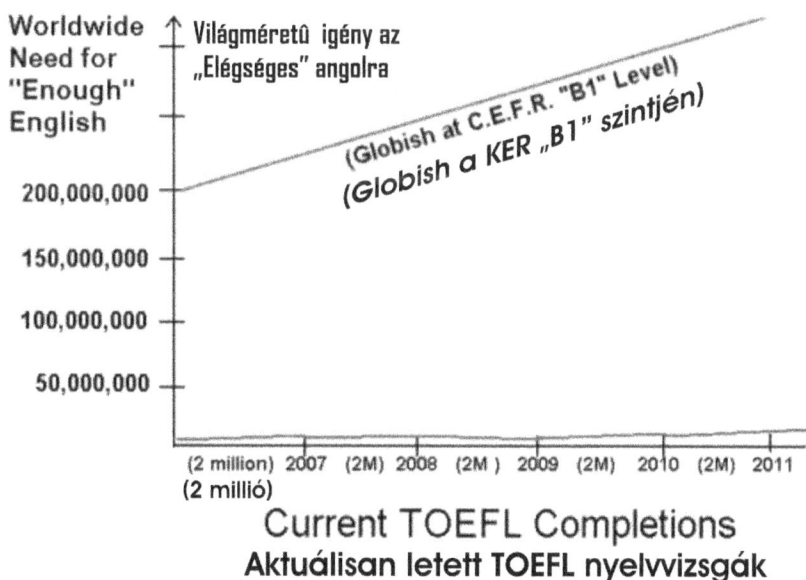

Worldwide Need for "Enough" English

Világméretű igény az „Elégséges" angolra

(Globish at C.E.F.R. "B1" Level)

(Globish a KER „B1" szintjén)

200,000,000

150,000,000

100,000,000

50,000,000

(2 million) 2007 (2M) 2008 (2M) 2009 (2M) 2010 (2M) 2011
(2 millió)

Current TOEFL Completions
Aktuálisan letett TOEFL nyelvvizsgák

Chapter 10
Globish in Many Places

Globish has no desire to be a cultural language like French, or Chinese...or English. People who will use Globish already have their own respected culture and their own language. They will use Globish only as a tool, but it will be the chosen tool of a huge majority of people around the world. When they see ahead to this future many non-native English speakers will decide this is still English. And it is really a form of English, a clear form of that language. They may fear that English is winning over everything they love. They may see this as a threat to their own mother tongue and their culture. So they might decide that they have to fight for the survival of their French, Japanese,

10. fejezet
Globish, számos helyen

A Globish-nak nincs olyan vágya, hogy kulturális nyelv legyen, mint a francia, vagy a kínai... vagy az angol. Azoknak az embereknek, akik a Globish-t fogják használni, már megvan a saját, elismert kultúrájuk és a saját nyelvük. A Globish-t csak mint egy eszközt fogják használni, de ez lesz a választott eszköze az emberek nagy többségének a világon mindenütt. Amikor előrenéznek ez a jövő felé, sok nem angol anyanyelvű azt fogja megállapítani, hogy ez még mindig angol. És ez tényleg az angol egy formája, egy tiszta formája ennek a nyelvnek. Lehet, hogy félnek, hogy az angol legyőz mindent, amit szeretnek. Lehet, hogy úgy látják, ez egy fenyegetés a saját

Russian or Tagalog – their home and beloved language. Each of them is a respected cultural language for many people.

This threat could be true IF we were advising you to learn English. That would be helping English compete with other cultural languages. A few cultures have already taken extreme steps because they fear that the English culture will replace their own. They feel it brings poor values and takes away the strength of their own culture.

However, advising you to learn Globish does the opposite. Globish cannot have any cultural goals, so it does not threaten anyone's language or anyone's culture. It replaces the English competition. Using only Globish could keep all these wonderful cultures *safer* from

anyanyelvükre és kultúrájukra nézve. Így lehet, hogy úgy döntenek, hogy harcolniuk kell a saját francia, japán, orosz vagy tagalog nyelvük túléléséért – az otthonukért és a szeretett nyelvükért. Mindegyik egy megbecsült kulturális nyelv sok ember számára.

Ez a fenyegetés igaz lehetne, HA azt tanácsolnánk, tanulj angolul. Az segítené az angolt versenyezni a többi kulturális nyelvvel. Néhány kultúra már rendkívüli lépéseket tett, mert attól félnek, hogy az angol kultúra helyettesíteni fogja az ő sajátjukat. Úgy érzik, hogy az szegényes értékeket hoz, és elviszi a saját kultúrájuk erősségeit.

Azonban, azt tanácsolni, hogy Globish-ul tanulj, az ellenkezőjét teszi. A Globish-nak nem lehetnek kulturális céljai, így az nem fenyegeti senkinek sem a nyelvét, vagy kultúráját. Egyszerűen felváltja az angol fenyegetést. Csak a Globish használata, nagyobb biztonságban tudná

the English cultural invasion.

Globish can also protect the English language from being "broken" by other cultures. English is a very special case today. In fact, the non-native English speakers who use English are far more numerous than native English speakers. So the non-native speakers will decide and lead in the future of the English language. They will create and present new words, and will throw away the old words. This will happen unless the Globish idea becomes an accepted tool. If this happens, it will give the English language a chance to survive as a cultural language.

Globish offers the English-speaking countries a chance to say: We have a wonderful language, linked to a wonderful culture, and we would like to save all of that. However, we accept that international communication

tartani ezeket a csodálatos kultúrákat az angol kulturális inváziótól.

A Globish, az angol nyelvet is meg tudja védeni attól, hogy más kultúrák „széttörjék". Ma az angol egy nagyon különleges eset. Valójában, a nem angol anyanyelvű beszélők, akik az angolt használják, sokkal többen vannak, mint az angol anyanyelvűek. Így a nem anyanyelvi beszélők fognak dönteni és irányítani az angol nyelv jövőjében. Ők fognak kitalálni és bemutatni új szavakat, és ők fogják eldobni a régieket. Ez fog történni, hacsak a Globish eszme nem válik egy elfogadott eszközzé. Ha ez megtörténik, ez esélyt fog adni az angol nyelvnek, hogy túlélje ezt egy kulturális nyelvként.

A Globish az angolul beszélő országoknak egy esélyt kínál, hogy ezt mondják: van egy csodálatos nyelvünk, összekapcsolva egy csodálatos kultúrával, és szeretnénk mindezt megmenteni. Azonban, azt is

today is mostly using our language. But we can divide the language in two parts. One form will be for English culture that is ours, and one form will be for global communication, trade, and traveling (and this is Globish, with exact rules.) We will attempt to use this second form - Globish - whenever we are in those other worlds which are not part of the English culture (s). And we are the lucky ones...Learning Globish for us will be much easier than learning a new language for each place.

elfogadjuk, hogy napjainkban a nemzetközi kommunikáció javarészt a mi nyelvünket használja. De két részre tudjuk osztani a nyelvet. Az egyik forma az angol kultúráé lesz, ami a mienk, és egy másik forma a globális kommunikációé, kereskedelemé és utazásé lesz (ami a Globish, pontos szabályokkal). Meg fogjuk próbálni ezt a második formát – a Globish-t – használni, amikor a világ olyan részén vagyunk, ami nem része az angol kultúrá(k)nak. És mi vagyunk a szerencsések... Megtanulni Globish-ul sokkal könnyebb lesz, mint megtanulni egy új nyelvet minden egyes helyhez.

Native Speaker English
Anyanyelvi angol

Full Globish Usage
Teljes Globish használata

| 20% | 20% | 20% | 20% | 20% |

(Relative Daily English Needs)
(Relatív napi angol szükséglet)

If you are delivering a speech in front of a large international audience, you have to deal with many different levels of English. You might think they are like one person, but each individual has different abilities.

Ha beszédet mondasz egy nagy nemzetközi közönség előtt, akkor sok különböző szintű angollal kell foglalkoznod. Talán azt gondolod, hogy ők olyanok, mint egy ember, de minden egyénnek különböző képességei vannak.

On top of that, someone will be recording you, and your performance will be available in many ways, including on the TV and on the Internet and on DVDs. You need to be understood quickly by the largest possible number. You might think that excellent speakers of two languages are the answer. Interpreters give second-by-second changes to the audience in their languages. But even that method is much better with Globish than with English. The Globish limitations and especially its simpler sentences, shorter and lighter, all ensure better correctness when the speech is changed to another

Mindennek a tetején, valaki fel fog venni téged, és az előadásod elérhető lesz sokféle módon, beleértve a TV-t, internetet és a DVD-ket. Gyorsan, és a lehető legnagyobb számban kell, hogy megértsenek. Talán azt gondolod, hogy a megoldást a (mind)két nyelvet kiválóan beszélők jelentik. A tolmácsok másodpercről másodpercre adják a fordítást a közönségnek a nyelvükön. De még ez a módszer is sokkal jobb a Globish-sal, mint az angollal. A Globish korlátok, és különösképpen az egyszerűbb, rövidebb és könnyebb mondatok, mind nagyobb pontosságot biztosítanak, amikor a

language.

Ask any interpreter: Their worst experience is the long, involved sentences where they get lost. This person needs to listen to all of the words to get the meaning, and if the talk is too long, he or she has lost the beginning when the end finally comes. But those kinds of statements-within-statements are mistakes in Globish.

The other horrible experience of the interpreters is seeing words used differently in a field or subject that they don't know. In English there is the word "program", and it means very different things on the TV and on the computer. The interpreter who does not know the field completely will make too many mistakes. On the other hand, if you are talking in Globish, many people in the audience will choose to listen directly to you. The simplest solution is to say things in Globish. You can then use

beszédet lefordítják egy másik nyelvre.

Kérdezd meg bármelyik tolmácsot: a legrosszabb élményük a hosszú, bonyolult mondatok, amiben elvesznek. Ennek az embernek figyelnie kell az összes szóra, hogy megértse a jelentést, és ha a beszéd túl hosszú, elveszti az elejét, mire végre jön a vége. De azok az „állítások-az-állításokban", hibák a Globish-ban.

A tolmácsok másik szörnyű élménye, másként használt szavakat látni egy olyan területen vagy témában, amit nem ismernek. Az angolban van egy olyan szó, hogy „program", ami teljesen más dolgot jelent a TV-ben és a számítógépen. Az a tolmács, aki nem ismeri teljesen a témát, túl sok hibát fog elkövetni. Másrészről, ha Globish-ul beszélsz, a közönségből sok ember fogja választani, hogy közvetlenül téged hallgasson. A legegyszerűbb megoldás, Globish-ul mondani a

special "technical words" – along with pictures to support them – in a way that people in the industry will quickly understand.

It is very difficult to use Globish guidelines while you are creating your words right there in front of people. But once you are familiar with the idea, practice makes it easier within a short time. The safest way, however, is to give a speech from a written text, and go over that text with Globish software. It will improve the "hit rate" of the speech (a technical term for the percent of people who listen and do understand). Usually it is at least three times better, and ten times with some listeners who are *not* native English speakers.

A good example is the excellent video tape to the Iranian people by President Obama in 2009. It was in Globish-like language and it

dolgokat. És akkor használhatsz speciális „szakmai szavakat" – képekkel, hogy támogasd őket – olyan módon, hogy az emberek, abban az iparágban gyorsan megértsék.

Nagyon nehéz alkalmazni a Globish irányelveket, ha ott, az emberek előtt találod ki a szavaidat. De amint járatos leszel az elgondolásban, a gyakorlás rövid idő alatt könnyebbé teszi azt. Azonban a legbiztonságosabb mód, írott szövegből mondani a beszédet, és átolvasni azt a szöveget egy Globish szoftverrel. Javítani fogja a beszéd „találati arányát" (egy szakmai kifejezés, az emberek azon százaléka, akik figyelnek és meg is értik). Általában ez legalább háromszor jobb, illetve tízszer jobb olyan hallgatókkal, akik *nem* angol anyanyelvűek.

Egy jó példa a kitűnő videó felvétel az iráni emberekhez, Obama elnöktől 2009-ben. Ez egy Globish-szerű nyelven volt, és a világ legnagyobb

could be understood by much of the world without translation. They also listened to Obama's same words in Jerusalem and Ramallah, in Istanbul and in Seoul. In too many other cases, however, major international speeches are made at a level of English that is too difficult for non-native speakers. Of course those international speakers think they did their job. They are wrong. Their job was to be understood by all their listeners.

If you are a native English speaker, you could argue that things are very different when you write. You know who you are writing to, and you know that his or her English is very good. Perhaps you write to that person with difficult words to show your ability with the language. But this could be another huge mistake. Very often good ideas are passed on "as is" to others. You should know that whatever you write today is

része meg tudta érteni fordítás nélkül. Jeruzsálemben, Ramallahban, Isztanbulban és Szöulban is hallgatták Obama ezen szavait. Azonban, túl sok másik esetben, fontosabb nemzetközi beszédeket az angol olyan szintjén adnak elő, ami túl bonyolult a nem anyanyelvi beszélőknek. Természetesen, azok a nemzetközi szónokok azt hiszik, hogy elvégezték a munkájukat. Tévednek. A feladatuk az volt, hogy minden hallgatójuk megértse őket.

Ha te egy angol anyanyelvi beszélő vagy, érvelhetnél, hogy a dolgok nagyon különbözőek, amikor írsz. Tudod, hogy kinek írsz és tudod, hogy az angolja nagyon jó. Lehet, hogy bonyolult szavakkal írsz annak az embernek, hogy megmutasd a nyelvi képességeidet. De ez egy másik nagy hiba lehetne. Nagyon gyakran a jó ötleteket úgy továbbítják másoknak, ahogy vannak.

not written just for the person you send it to. It is always written for the whole wide world. And for this reason, it should be in Globish. If it is forwarded through the Internet it can go around the world 4000 times before you finish your next call. The problem is, if they don't understand it, they will still try to pick up a few words and tell that to their friends. And then what you didn't say well they will say even more poorly in 5000 other languages. The good news is that now you can talk to the whole world at the speed of light. But the really bad news is that no one will ever tell you they don't understand. They would be ashamed to show their limitations, so they will all say back to you: "Oh yes, it was very interesting."

You could be working for a global company, with shares owned by people from 123

Tudnod kellene, hogy akármit is írsz ma, az nem csak annak az embernek van megírva, akinek küldöd. Mindig az egész világnak szól. És ebből az okból kifolyólag, Globish-ul kellene lennie. Ha továbbítják azt az interneten, 4000-szer körbe tud menni a Földön, mielőtt befejezed a következő telefonhívásod. A probléma az, ha nem is értik, mégis meg fognak próbálni elcsípni néhány szót és elmondani azokat a barátaiknak. És akkor, amit te nem mondtál jól, azt ők még rosszabbul fogják mondani 5000 másik nyelven. A jó hír az, hogy napjainkban fénysebességgel tudsz beszélni az egész világgal. De az igazi rossz hír az, hogy senki sem fogja soha megmondani neked, hogy nem értik. Szégyellenék megmutatni a korlátaikat, így mindannyian azt fogják mondani neked: „Oh, igen, ez nagyon érdekes volt."

Dolgozhatsz egy olyan nemzetközi vállalatnak, ahol a részvényeket 123

different countries. They speak almost as many languages. Look closely at your yearly report, and at all the papers sent to shareholders. It is probably written in wonderful English which non-native English speakers from the 117 non-English speaking countries can almost understand. Or is it written in Globish, using exactly the same numbers and saying exactly the same things, but understandable by many more of those shareholders?

If you work in a government agency in an English speaking country, look at the papers and forms for the citizens. Many people –who are new to the country and to your language – will have to fill in those forms. They should reach the Globish level soon, and that may be fairly easy. But then, they should get papers written only in Globish, which are

különböző országból származó ember birtokolja. Majdnem ugyanennyi nyelven is beszélnek. Nézd meg közelről az évi beszámolódat, és minden papírt, amit kiküldenek a részvényeseknek.

Valószínűleg, csodálatos angol nyelven van írva, amit a nem angol anyanyelvűek a 117 nem angolul beszélő országból már majdnem értenek. Vagy az Globish-ul van írva, pontosan ugyanazokat a számokat használva, pontosan ugyanazokat a dolgokat mondva, de érthetően sokkal több részvényes számára?

Ha egy kormányzati irodában dolgozol egy angolul beszélő országban, nézd meg az állampolgároknak szóló papírokat, formanyomtatványokat. Sok embernek – akinek új az ország és a nyelv – ki kell majd töltenie ezeket a nyomtatványokat. Hamar el kellene érniük a Globish szintet, és ez elég könnyű

104

understandable *both* by these new ones *and* by all the English-speaking citizens. It would cost much less than printing every paper and form in many different languages. And new people could perform better and more quickly in the economy if they could read the language. Globish can fill this need, but that nation must make this standard, and demonstrate it in all its important papers.

There will always be a few of the new people who cannot yet operate in Globish, even to read simple writing. They may still need to see something in their languages. From normal English the usual solution would be many translators, one for each language. Their work might be excellent, but it would take a lot of time and a lot of money.

lehet. De aztán, csak Globish-ul írt papírokat kellene kapniuk, ami érthető *mind* az új, *mind* az angolul beszélő állampolgárok számára. Ez sokkal kevesebbe kerülne, mint kinyomtatni minden papírt és nyomtatványt több különböző nyelven. És az új emberek jobban és gyorsabban tudnának teljesíteni a gazdaságban, ha tudnák olvasni a nyelvet. A Globish eleget tud tenni ennek a szükségletnek, de a nemzetnek standard-é kell ezt tennie, és meg kell jelentetnie azt minden fontos iraton.

Mindig lesznek az új emberek közül néhányan, akik még nem tudnak Globish-ul, mégcsak egyszerű szövegeket sem olvasni. Lehet, hogy még szükségük van valamit a saját nyelvükön látni. A normál angolból, az általános megoldás a fordítók volnának, minden nyelvhez egy. A munkájuk talán kítűnő lenne, de sok időt és sok pénzt vinne el.

You could also decide to have computer translations to these languages from English. But you must make sure that it works; here is how to do that. Have the computer translate part of your English version into – say – Poldevian. When you have a result, do not show it immediately to the Poldevians. Instead, order the computer to change the Poldevian document back to English. If you think you can understand it – and accept it – then the process is good. In most cases you will be surprised in a bad way. You will decide that computers cannot change languages very well yet. However, Globish has a much better chance of giving good results in computer translation. It has simpler sentence structures, and uses the most common English words. Many times, the computer translation from Globish to Poldevian will give better results, but not perfect results. This is true of most of Globish, where the goal is to

Úgy is dönthetnél, hogy számítógépes fordítás lesz ezekre a nyelvekre angolból. De biztosnak kell lenned abban, hogy az működik; itt van hogyan is kell azt csinálni. Fordíttasd le a számítógéppel az angol változatod egy részét, mondjuk, poldevianra. Amikor megvan az eredmény, ne mutasd meg azonnal a poldevaiaknak. Helyette, mondd a számítógépnek, hogy változtassa a poldeviai dokumentumot vissza angolra. Ha azt gondolod, hogy érted – és elfogadod azt –, akkor az eljárás jó. A legtöbb esetben meg leszel lepve, rossz értelemben. Meg fogod állapítani, hogy a számítógépek még nem tudnak igazán jól nyelveket fordítani. Azonban, a Globish-nak sokkal jobb esélye van arra, hogy jobb eredményt adjon a számítógépes fordításban. Egyszerűbb mondatszerkezetei vannak, és a leggyakoribb angol szavakat használja. Sokszor a

create understanding without 100% perfection.

We must remember, however, that Globish is not a holy language. It is an idea, a guidance. The better you keep to it, the more people will understand you. Perhaps it is like a diet. The closer you stay to it, the more weight you lose. But no diet is going to fail if – just a few times – you have a glass of wine, or a beer. Off-limits words in Globish are not wrong; it is just not wise to bring in difficult words too often. You can use a rare word because no other one will do, and many readers will run to their word books. Or you can use two Globish words that are widely understood by your readers or listeners... and mean the same thing. It is up to you. But the more you stay with the guidance,

számítógépes fordítás Globish-ról poldevianra jobb eredményeket fog adni, de nem tökéletes eredményeket. Ez legnagyobb részt igaz a Globish-ra, ahol a cél megértést teremteni, 100%-os tökéletesség nélkül.

Azonban emlékeznünk kell, hogy a Globish nem egy szent nyelv. Ez egy elgondolás, egy irányelv. Minél inkább tartod magad hozzá, annál több ember fog megérteni téged. Talán, ez olyan, mint egy diéta. Minél közelebb maradsz hozzá, annál több súlyt vesztesz. De egy diéta sem fog meghiúsulni, ha – csak néhányszor – iszol egy pohár bort, vagy egy sört. Korláton kívüli szavak a Globish-ban nem helytelenek; csak nem bölcs túl gyakran bonyolult szavakat felhozni. Használhatsz ritka szót, mert egyetlen másik sem felelne meg, és sok olvasó fog a szótárához rohanni. Vagy használhatsz két Globish szót, amiket sok olvasód és hallgatód megért... és

the better chance you have of everyone understanding you.

It is clear also that people who decide to use Globish will possibly master many more words than the list given here. This is clearly true for advanced English students, of course, but also for the other speakers. In many cases the non-native speakers will hear speech or see written material that uses more difficult words. In most cases, non-native speakers will learn these new words, and have them available in case they need to use them again later. This is a good result. We are not suggesting that people close their eyes and their ears to all new words. And there will often be native English speakers who reject the Globish idea completely. With this kind of people, more words will always help the non-native speakers to understand.

ugyanazt a dolgot jelentik. Ez tőled függ. De minél inkább az irányelvek mentén maradsz, annál jobb esélyed van arra, hogy mindenki megért téged.

Az is nyilvánvaló, hogy az emberek, akik úgy döntenek, hogy a Globish-t használják, valószínűleg sokkal több szót fognak megtanulni, mint az itt megadott lista. Ez egyértelműen igaz a haladó angol tanulókra, de más beszélőkre is. Sok esetben a nem anyanyelvi beszélők hallani fognak olyan beszédet, vagy látni fognak olyan írott anyagot, ami bonyolultabb szavakat használ. A legtöbb esetben a nem anyanyelvűek meg fogják tanulni ezeket az új szavakat, és elérhetővé is teszik azokat arra az esetre, ha később megint használniuk kell. Ez egy örvendetes eredmény. Nem azt javasoljuk, hogy az emberek csukják be a szemüket és a fülüket minden új szó előtt. És gyakran lesznek olyan angol

anyanyelvűek, akik teljesen visszautasítják a Globish eszmét. Az ilyen típusú emberekkel, a több szó mindig segíteni fogja a nem anyanyelvűeket, hogy megértsék őket.

But these borders of this Globish "middle ground" are not made to keep people in or out. If all speakers know they can come back and be welcomed into Globish, then communication has a chance.

De a Globish „közös alapjának" ezen határai nem azért vannak, hogy embereket bent vagy kint tartsanak. Ha minden beszélő tudja, hogy vissza tud jönni és örömmel fogadják a Globish pályáján, akkor a kommunikációnak van esélye.

Technical Words

Interpreter - a person who tells the meaning in one language to those who speak another language

Translation - changing of one language to another. Sometimes human translators are call interpreters as well.

Part 2
Elements of Globish

2. rész
A Globish alkotóelemei

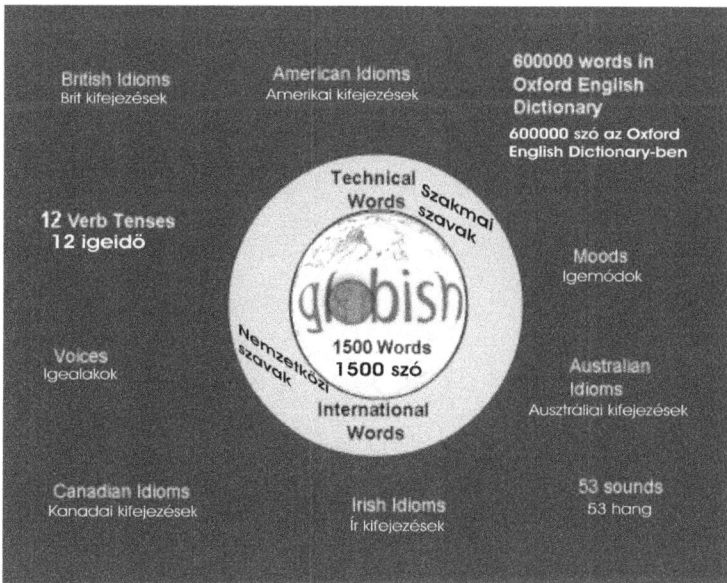

(1500 words, 6-10 verb-time formations, phrasal verbs, 8 parts of speech, plus Active, Passive, Conditional forms. Best: 15-word sentences, Maximum 26-word sentences)

(1500 szó, 6-10 igeidő, elöljárós igék, 8 szófaj, cselekvő és szenvedő igealakok, feltételes mód. A legjobb: 15 szavas mondatok, de maximum 26 szavas mondatok)

Chapter 11
How much is "enough"?

Globish is "enough" English. That is why a person can learn it more quickly than full English. There are many structures, rules, and ways of using English which make it difficult. Globish has limits so that it is easier to learn and start speaking. A person can know exactly *what* to learn. This is also very helpful in communication between people of varying English abilities. They can all know what to say and write.

But the question will always be asked: "What does "enough" mean? What is "enough?" "Not enough" means that you cannot communicate comfortably

11. fejezet
Mennyi az „elég"?

A Globish „elégséges" angol. Ezért tudja az ember gyorsabban megtanulni, mint a teljes angolt. Sok szerkezet, szabály és olyan használati módjai vannak az angolnak, ami azt nehézzé teszi. A Globish-nak vannak korlátai, így azt könnyebb tanulni és elkezdeni beszélni. Az ember pontosan tudja, hogy *mit* tanuljon meg. Ez szintén nagyon hasznos a kommunikációban, a különböző angoltudású emberek között. Mindannyian tudják, mit mondjanak és írjanak.

De a kérdést mindig fel fogják tenni: „Mit jelent az „elégséges"? Mi az, hogy „elégséges"? A „nem elégséges" azt jelenti, hogy nem tudsz megfelelően

with anyone, in English or Globish. You may not know enough words or – more likely – you do not say words with the right stresses, or you may not know simple sentence forms and verb forms. So how much is "too much?" "Too much" makes many students learning English feel they will "never be good enough" in English.

The Council of Europe offers a *Common European Framework of Reference for Languages* (C.E.F.R.) that offers a situational test for users of all second languages. By their standard, the best user of Globish would be an Independent User (Their category called "B1") THIS IS GIVEN EXACTLY IN C.E.F.R.'s ENGLISH:

Can understand the main points of clear standard input on familiar matters regularly encountered in work, school, leisure, etc. Can deal with most situations likely to arise whilst travelling in an area where the

kommunikálni senkivel, sem angolul, sem Globish-ul. Lehet, hogy nem ismersz elég szót, vagy - ami még valószínűbb – nem a jó hangsúllyal mondod a szavakat, vagy nem tudod az egyszerű mondat-és igeformákat. Szóval mennyi a „túl sok"? A „túl sok" azt érezteti sok angolul tanuló diákkal, hogy „sohasem lesznek elég jók" angolból.

Az Európa Tanács egy *Közös Európai Nyelvi Referenciakeretet* (KER) ajánl, ami szituáción alapuló tesztet kínál minden második idegen nyelvet használónak. A standard-jük alapján a Globish legkiválóbb használója lenne az Önálló Felhasználó (a kategóriájukat B1-nek nevezik). EZ PONTOSAN MEG VAN ADVA A KER-BEN:

„*Felkészülés nélkül részt tudok venni az ismert, az érdeklődési körömnek megfelelő, vagy a mindennapi témákról (pl. család, szabadidő, tanulás, munka, utazás, aktuális események) folyó társalgásban.*"

114

language is spoken.

Can produce simple connected text on topics, which are familiar, or of personal interest. Can describe experiences and events, dreams, hopes & ambitions and briefly give reasons and explanations for opinions and plans.	*„Egyszerű kifejezésekkel tudok beszélni élményekről, eseményekről, álmaimról, reményeimről és céljaimról. Röviden is meg tudom magyarázni, indokolni véleményemet és terveimet."*

That is the test for "enough" for their B1 - Independent User. It would be enough for the Globish user too, if we added this:

Ez a teszt az „elégségeshez" az ő B1-Önálló Felhasználójuknak. Ez elégséges volna a Globish-t használóknak is, ha ezt hozzátesszük:

"Uses all words needed to join in a given profession or activity; uses International words appropriate in all travel or international business situations."

„Használj minden olyan szót, ami szükséges ahhoz, hogy egy adott szakmához vagy tevékenységhez lehessen csatlakozni; használj nemzetközi szavakat, amik megfelelők minden utazási vagy nemzetközi üzleti szituációban."

But many Globish users can operate at the higher Level B2 of that same C.E.F.R. Independent User standard:

De sok Globish-t használó képes a KER Önálló Felhasználó standard-jének magasabb, B2 szintjén működni:

"Can understand the main ideas of complex text on both concrete and abstract topics, including technical discussions in his/her field of specialisation. Can

„Az anyanyelvi beszélővel természetes, könnyed és közvetlen kapcsolatteremtésre vagyok képes. Aktívan részt tudok venni az ismert témákról

115

interact with a degree of fluency and spontaneity that makes regular interaction with native speakers quite possible without strain for either party. Can produce clear, detailed text on a wide range of subjects and explain a viewpoint on a topical issue giving the advantages and disadvantages of various options."

So there are people who have been thinking about this Globish "level" of language use. There are many, many more who have been using something quite close to Globish. Even with few written standards, some have called it Globish because they feel their level of usage is "Globish." They are using the word "Globish" to establish a level of comfort - a middle ground to communicate with others. Now we hope they can be even more certain because of the observations in this book.

At the risk of saying some

folyó társalgásban, úgy, hogy közben érvelve kifejtem a véleményemet. Világosan és kellő részletességgel fejezem ki magam számos, érdeklődési körömbe tartozó témában. Ki tudom fejteni a véleményemet valamely aktuális témáról úgy, hogy részletezem a különböző lehetőségek előnyeit és hátrányait."

Tehát vannak emberek, akik gondolkodnak a nyelvhasználat Globish „szintjéről". Sokkal, sokkal többen vannak azok, akik a Globish-hoz valami nagyon közelit használnak. Még kevés írott standard-del is, néhányan ezt Globish-nak nevezik, mert érzik, hogy a szint, amit használnak, az „Globish". A Globish szót használják, hogy megállapítsanak egy letisztult szintet – egy „közös alapot", hogy kommunikáljanak másokkal. Most azt reméljük, hogy ők még biztosabbak lehetnek, az ebben a könyvben tett megfigyelések miatt.

Megkockáztatva, hogy

important things once again, we will now unite some observations from the first part of the book. This will lay the groundwork for describing major language elements that are important to Globish.

First we will review the ways Globish is like English and then how Globish differs from English. Then, we will examine what makes this Closed System of Natural Language an effective tool for world communication.

English speakers may well say: If Globish is like English, why not just learn English? But there are certain things English speakers do not try to understand. That is one of the main reasons people in many places will be speaking Globish.

néhány fontos dolgot újra elmondunk, most össze fogunk kapcsolni megállapításokat a könyv első részéből. Ez le fogja fektetni az alapokat a főbb nyelvi alkotóelemek leírásához, amik fontosak a Globish-hoz.

Először át fogjuk tekinteni azokat a szempontokat, amik alapján a Globish olyan, mint az angol, és aztán azt, hogy a Globish hogyan különbözik az angoltól. Azután, meg fogjuk vizsgálni, hogy mi tesz egy Természetes Nyelv Zárt Rendszerét hatékony eszközzé a világkommunikációhoz.

Az angolul beszélők azt mondhatnák: ha a Globish olyan, mint az angol, miért nem tanulnak egyszerűen angolt? De vannak bizonyos dolgok, amiket az angolul beszélők meg sem próbálnak megérteni. Ez az egyik fő oka annak, hogy az emberek, különböző helyeken, Globish-ul fognak beszélni.

Chapter 12
Is Globish the Same as English?

Globish is correct English

Native English speakers can easily read and understand this book. But because of this, English speakers do not always notice that Globish is not just **any** English. They can miss the value of limiting their English to Globish. It should instead be a comfort to them, that what they are reading can also be easily understood by Globish speakers as well.

In reading this book, all English-speakers are

12. fejezet
A Globish ugyanaz, mint az angol?

A Globish helyes angol

Angol anyanyelvűek könnyen tudják olvasni és megérteni ezt a könyvet. De emiatt, az angol anyanyelvűek nem mindig veszik észre, hogy a Globish nem **akármilyen** angol. Így el tudják szalasztani az értékét annak, hogy az angoljukat a Globish szintre korlátozzák. Pedig ehelyett, egy megkönnyebbülés kellene hogy legyen számukra, hogy amit most olvasnak, az a Globish-ul beszélők számára is könnyen érthető.

Ezt a könyvet olvasva, minden angolul beszélő

observing a "common ground" *in action.* Most probably as many as one and a half billion other people can read and understand this same book.

Of course, at first it might seem that all English speakers can use Globish almost without thinking. However, English speakers who want to speak and write Globish must do four things: (1) use short sentences; (2) use words in a simple way; as any advertiser or politician knows; (3) use only the most common English words, and (4) help communication with body language and visual additions. Also, they must find ways to repeat what they decide is very important.

megtapasztalja a „közös alap"-ot *akció közben.* Az a legvalószínűbb, hogy annyi, mint egy és fél milliárd másik ember is képes elolvasni és megérteni ugyanezt a könyvet.

Természetesen, elsőre úgy tűnhet, hogy minden angol anyanyelvű képes használni a Globish-t, majdnem gondolkodás nélkül. Azonban, az angolul beszélőknek, akik Globish-ul akarnak beszélni és írni, négy dolgot kell megtenniük: (1) használj rövid mondatokat; (2) egyszerű módon használd a szavakat; ahogy azt minden reklámszakember és politikus tudja; (3) csak a leggyakoribb angol szavakat használd és (4) segítsd a kommunikációt testbeszéddel és szemléltető eszközökkel. És meg kell találniuk a módszereket, hogy megismételjék, amiről úgy döntenek, hogy nagyon fontos.

Globish spelling is English spelling

Most English speakers have trouble with their own spelling, because the English words come from many cultures. There are probably more exceptions to the rules than there are rules. Often, people learn to spell English words by memory: they *memorize* what the word *looks like.*

Globish sounds like English

Globish speakers must learn to stress parts of words correctly. If the stress is correct, the word is most easily understood. It does not matter so much about the accent. And some sounds that are hard to make do not matter so much. A second problem in pronunciation is easier: the *schwa* sound can often substitute in most parts of words that are *not* stressed.

A Globish helyesírás az angol helyesírás

A legtöbb angol anyanyelvűnek problémája van a saját helyesírásával, mert az angol szavak több kultúrából származnak. Talán több kivétel van a szabályok alól, mint ahány szabály. Gyakran az emberek memória alapján tanulják meg betűzni az angol szavakat: *memorizálják* hogy *néz ki* a szó.

A Globish úgy hangzik, mint az angol

A Globish-ul beszélőknek meg kell tanulniuk helyesen hangsúlyozni a szavakat. Ha a hangsúly jó, akkor a legkönnyebb a szót megérteni. Az akcentus nem számít túl sokat. És azok a hangok, amiket nehéz képezni, sem számítanak sokat. A második probléma a kiejtésben egyszerűbb: a *schwa* hang (alig kiejtett, gyenge magánhangzó)

121

(More in Chapter 16).

gyakran helyettesíteni tudja a szavak legtöbb olyan részét, amik nem hangsúlyosak. (Bővebben a 16. fejezetben).

Globish uses the same letters, markings and numbers as English

A Globish ugyanazokat a betűket, jelöléseket és számokat használja, mint az angol

It also has the same days, months and other time and place forms.

Szintén ugyanazok a napok, a hónapok és a többi időre és térre vonatkozó formák.

Globish uses the basic grammar of English, with fewer Tenses, Voices, and Moods.

A Globish az angol nyelv alap nyelvtanát használja, kevesebb igeidővel, igealakkal és móddal.

Directions – Globish/English
Irányok - Globish/Angol

(Communicate in 90% of work, travel situations WWide)

12 mo
12 hó

(Little value without 3-5 more years of classes)

English

Globish

1. **1500 Words plus 3500 children**
   1500 szó és 3500 leszármazott
2. **Simple Verb forms**
   Egyszerű igealakok
3. **No Idioms**
   Nincsenek szólások

1. **Cultural Words from English Speaking Countries.**
   Kultúrális szavak angol országokból
2. **Numerous added Verb forms**
   Számos további igealak
3. **Numerous Idioms**
   Számos szólás

6 hó
6 mo

Early Globish classes deal with basic words and pronunciation, simple present, past, future verbs, questions, parts of speech.
A kezdeti Globish órák alap szavakkal, kiejtéssel, egyszerű jelen, múlt, jövő igealakokkal, kérdésekkel és szófajokkal foglalkoznak.

Early Globish and English quite similar
A kezdeti Globish és angol elég hasonló

G E

Early English classes deal with basic words and pronunciation, simple present, past, future verbs, questions, parts of speech.
A kezdeti angol órák alap szavakkal, kiejtéssel, egyszerű jelen, múlt, jövő igealakokkal, kérdésekkel és szófajokkal foglalkoznak.

Technical Words

Capitalize - put a large letter at the first of the word.

Visual - can be seen with the eyes

Tenses - the time a verb shows, Present, Pa st, or Future order.

Voice - a type of grammar. We use Active voice most in Globish.

Moods - ways of speaking. Imperative Mood: *"Don't look at me!"*

Chapter 13
How Globish is Different from English

13. fejezet
Miben különbözik a Globish az angoltól

Globish has a different name

A Globish-nak van egy külön neve

The name lets people know exactly how much English they are using. It also lets native English speakers know that they do not "own" this language. Globish means we use the same simple rules for everyone. And it usually means that the speaker or writer is trying to help with understanding. Globish speakers enjoy the fact that all cultures are talking *together*.

A név lehetővé teszi, hogy az emberek pontosan tudják, mennyi angolt használnak. Azt is lehetővé teszi, hogy az angol anyanyelvi beszélők is tudják, hogy nem „birtokolják" ezt a nyelvet. A Globish azt jelenti, hogy ugyanazokat az egyszerű szabályokat alkalmazzuk mindenkire. És ez általában azt jelenti, hogy a beszélő vagy az író próbál segíteni a megértésben. A Globish-ul beszélők élvezik a tényt, hogy minden kultúra **együtt** beszélget.

125

Globish has 1500 words, expandable in four ways:

- different use of same word,
- combinations of words,
- short additions to words,
- and Phrasal Verbs.

Also allowed are (a) Names and Titles - (capitalized), (b) international words like *police* and *pizza*, (c) technical words like *noun* and *grammar* in this book. Only common agreement between speakers can decide between them, of course, what other words to allow beyond these 1500 Globish words. If one person cannot understand an additional word, then its use is not recommended. (See Chapters 16).

A Globish-nak van 1500 szava, ami négy módon bővíthető ki:

- más használata ugyannak a szónak,
- szavak kombinációja,
- rövid toldalékok a szavakhoz,
- és az elöljárós igék.

Szintén engedélyezettek a (a) nevek és címek (nagybetűvel), (b) nemzetközi szavak, mint a *police* és *pizza*, (c) szakmai szavak, mint a *főnév* és *nyelvtan* ebben a könyvben. Természetesen, csak a beszélők közötti közös megegyezés döntheti el, hogy milyen más szavak vannak megengedve ezen az 1500 Globish szón túl. Ha egy ember is van, aki nem képes megérteni egy extra szót, akkor annak a használata nem ajánlott. (Lásd 16. fejezet).

Globish uses mostly Active Voice

Globish speakers should understand Passive and Conditional forms. But it is usually best for Globish users to create messages in Active Voice if possible. Who or what is doing the action must be clear in Globish. English may say:

The streets were cleaned in the morning.

But Globish would say:

The workmen cleaned the streets in the morning.

Globish suggests short sentences (15 words or fewer)

This limits phrases and clauses, but allows them if necessary. Instead of:

A Globish jobbára aktív igealakot használ

A Globish-ul beszélőknek meg kellene érteniük a szenvedő igealakot és a feltételes módot is. De általában a Globish-t használóknak az a legjobb, ha az üzeneteket cselekvő igealakban alkotják meg, ha lehetséges. Ki vagy mi csinálja a cselekvést, annak egyértelműnek kell lennie a Globish-ban. Az angol lehet, hogy ezt mondja:

Az utcák meg lettek tisztítva reggel.

De a Globish így mondaná:

A munkások megtisztították az utcákat reggel.

A Globish rövid mondatokat javasol (15 szó, vagy kevesebb)

Ez korlátozza a szerkezeteket és a tagmondatokat, de megengedi azokat, ha szükségesek. Ahelyett hogy:

When we went to Paris we took a nice little hotel not far from the main shopping area so that we would not have too far to carry our purchases.

Globish speakers will say:

We went to Paris, and we found a nice little hotel. It was near the main shopping area. That way, we would not have too far to carry our purchases.

Amikor Párizsba mentünk, kivettünk egy szép kis hotelt nem túl messze a fő bevásárló körzettől, hogy ne kelljen túl messzire cipelni a vásárolt árukat.

A Globish-ul beszélők ezt fogják mondani:

Elmentünk Párizsba és találtunk egy szép kis hotelt. Közel volt a fő bevásárló körzethez. Így nem kellett túl messzire cipelni a vásárolt árukat.

Globish pronunciation has fewer necessary sounds than traditional English

Globish sounds should be learned with each word. Most important: Globish must use syllable stress VEry corRECTly. Because there are similar sounds in most languages, each speaker may have to learn only a few new sounds.

A Globish kiejtésben kevesebb szükséges hang van, mint a tradicionális angolban

A Globish hangokat az egyes szavakkal együtt kellene megtanulni. A legfontosabb: a Globish-nak a szótaghangsúlyokat nagyon helyesen kell használnia. Mivel a legtöbb nyelvben vannak hasonló hangok, minden egyes beszélőnek lehet, hogy csak néhány új hangot kell megtanulni.

Globish speakers use their body, their hands and their face when they talk

They use headlines, **dark print**, <u>underline</u>, and pictures with written Globish. In meetings, Globish speakers use objects, pictures, sounds, and give things to the listeners. Good Globish speakers speak clearly, and are happy to repeat what they have said. Globish speakers check that the listeners understand before they say the next thing. They repeat all questions AND answers in meetings.

Globish speakers are very careful about humor, idioms and examples

Globish speakers can have

A Globish-ul beszélők használják a testüket, kezeiket és az arcukat, amikor beszélnek

Főcímeket, **kiemelt nyomtatást**, <u>aláhúzást</u> és képeket használnak az írott Globish-ban.
Megbeszéléseken, a Globish-ul beszélők tárgyakat, képeket, hangokat használnak, és tárgyakat adnak a hallgatóknak. A jól Globish-ul beszélők világosan beszélnek, és örömmel ismétlik meg, amit mondtak. A Globish-ul beszélők ellenőrzik, hogy a hallgatók értik-e, mielőtt a következő dolgot mondják. Megismétlik az összes kérdést ÉS választ a megbeszéléseken.

A Globish-ul beszélők nagyon óvatosak a humorral, a szólásokkal és a példákkal

A Globish-ul beszélők jól

fun, and be friendly. But they avoid anything that might not be understood. Most people are careful not to use the same humor with their parents and their friends. Sometimes humor is good for one person but offensive to another. This is even more difficult to know about between cultures, so it is best to avoid trying to be "funny". In the same way, examples from one culture might not be good in another culture and some analogies might not carry exactly the same meaning. And idioms, things that depend on understanding a certain culture, should be avoided.

szórakozhatnak és barátságosak is lehetnek. De elkerülnek mindent, ami lehet, hogy nem érthető. A legtöbb ember ügyel arra, hogy ne használja ugyanazt a humort a szüleivel és a barátaival. Néha a humor vicces az egyik embernek, de sértő egy másiknak. És még nehezebb eligazodni a kultúrák között, így a legjobb elkerülni a próbálkozást, hogy „viccesek" legyünk. Hasonlóképpen, példák az egyik kultúrából lehet, hogy nem megfelelőek egy másik kultúrában, és bizonyos analógiák lehet, hogy nem hordozzák pontosan ugyanazt a jelentést. És a szólásokat, az olyan dolgokat, amik egy bizonyos kultúra megértésén alapszanak, el kellene kerülni.

Globish is a "Closed System of Natural Language."

This is what makes Globish useful, dependable, and

A Globish egy „természetes nyelv zárt rendszere".

Ez az, ami a Globish-t hasznossá, megbízhatóvá,

easier to learn and use. The next chapters will be about "natural language" and Globish's closed system.

könnyebben tanulhatóvá és használhatóvá teszi. A következő fejezetek a „természetes nyelvről" és a Globish zárt rendszeréről fognak szólni.

Technical words

Noun   - a part of speech naming a person, place, or thing.

Passive Voice   - a sentence with n   o subject. "The house is sold."

Active Voice - usual sentence   - subject first. "Mary came home."

Figurative   - expressing one thing in terms of another: "on thin ice."

Analogy - using two things that have a similarity to make a case.

Analogy: "The human bra   in is like a computer."

Chapter 14
Natural Language Has "Experience"

People need a language that has "experience". We need to know other people have lived all their lives talking in that language. We need to know that many centuries, many parents and their children, have made it work well. Natural language is always growing. The "closed system" of Globish, of course, is a beginning definition. Over time, Globish may add necessary words as *technical* or *international* when worldwide Globish speakers are using it.

The value of having a natural language is because it has been tested with many

14. fejezet
A természetes nyelvnek van „tapasztalata"

Az embereknek szükségük van egy olyan nyelvre, aminek van „tapasztalata". Tudnunk kell, hogy más emberek azt a nyelvet beszélve élték le az életüket. Tudnunk kell, hogy a sok évszázad, a sok szülő és a gyerekeik jól működővé tették azt. A természetes nyelv mindig fejlődik. A Globish „zárt rendszere", természetesen, csak egy kezdeti definíció. Idővel a Globish bővülhet olyan nélkülözhetetlen szavakkal, mint a *technikai* vagy a *nemzetközi* szavak, ha a világszerte Globish-t beszélők használják azt.

Egy természetes nyelv meglétének az értéke az, hogy tesztelve volt több

millions of people. Its most-used words have been turned over and over, like sand on a seaside, for centuries. These words are the *survivors* from all the natural languages that came into English. They are strong words, and useful words.

And these rules of Globish are not something someone just "thought up." For example, the way English deals with time through its verbs. Now all languages have different ways of communicating the order of happenings. But as much as any language, English-speakers have a proven language where events have relationships to each other in time. So timing is important to the English way of thinking, important to their communication. If they want to say something is happening "now" they use a continuous form, such as *I am reading this book*. That Present Continuous form means "exactly now." If they say *I*

millió emberrel. A legtöbbször használt szavai újra és újra meg lettek forgatva, mint a homok a tengerparton, évszázadokon át. Ezek a szavak a *túlélők* mindazokból a természetes nyelvekből, amik bekerültek az angolba. Azok erős és hasznos szavak.

És a Globish ezen szabályai nem olyan dolgok, amiket valaki csak úgy „kigondolt". Például, az angol az igéken keresztül bánik az idővel. Minden nyelvnek különböző módjai vannak a történések sorrendjének kommunikálásához. De épp amennyire bármelyik nyelvnek, az angolul beszélőknek is van egy kipróbált nyelvük, ahol az eseményeknek időbeli kapcsolatuk van egymással. Így az idő fontos az angol gondolkodásmódban, fontos a kommunikációjukhoz. Ha azt akarják mondani, hogy valami „most" történik, akkor a folyamatos formát használják, úgy, mint *I am reading this book (Most éppen ezt a könyvet olvasom)*. Ez a

134

read this book, it means they have read it before now, are reading it now, and will continue to read it in the future.

These things are all important to a "way of thinking." They don't happen by someone's plan. Natural Language grows through trial-and-mistake-and-improvement, and that is why Natural Language works!

But why do we call Globish a "Closed System?" And is "closed" good?

folyamatos, jelen idő forma azt jelenti, hogy „pontosan most". Ha azt mondják *I read this book* (*Ezt a könyvet olvasom*), ez azt jelenti, hogy azt már olvasták ezelőtt, most is olvassák, és a jövőben is olvasni fogják.

Ezek a dologok mind fontosak egy bizonyos „gondolkodásmódhoz". Nem valakinek a terve alapján történnek. A természetes nyelvek próba-és-hiba-és-előrelépésen keresztül fejlődnek, és ez az, amiért a természetes nyelvek működnek.

De miért hívjuk a Globish-t egy „zárt rendszernek"? És a „zárt" az jó?

Chapter 15
A Closed System: Globish Limitations

Closed Systems give us less to remember, and more to agree on

"Closed System" means we accept certain sets of limitations in what we are doing. It makes life easier when we agree to operate within those Closed Systems. We also have many other Closed Systems. Buses and trains and airplanes usually have places to step on and off. We usually drive on just one side of the road. Cars coming the other way stay on the other side, because it is a closed system. Otherwise, either side of the road would

15. fejezet
Egy zárt rendszer: Globish korlátok

A zárt rendszerek kevesebbet adnak, amire emlékezni kell, és többet, amivel egyet lehet érteni

A „zárt rendszer" azt jelenti, hogy elfogadunk bizonyos korlátokat abban, amit éppen csinálunk. Könnyebbé teszi az életet, amikor egyetértünk abban, hogy azokon a zárt rendszereken belül tevékenykedünk. Sok más zárt rendszerünk is van. A buszoknak, vonatoknak és repülőgépeknek általában van egy olyan helyük, ahol fel-és leszállunk. Általában csak az út egyik oldalán vezetünk. A másik irányból jövő autók a másik oldalon

be OK, and there would be huge problems.

So.... why can't a language be a Closed System?

This is why Globish is most useful, as a Closed System, a language built on common limitations. You know what you have to learn, and can do so with less effort. And when you use it, you know all the rules that the other people know. It is based on reasonable limitations that non-native English speakers have when they use English. What we have been discussing in this book are main elements of that Closed System:

maradnak, mert ez egy zárt rendszer. Máskülönben az út mindkét oldala rendben volna, és akkor óriási problémák lennének.

Szóval...miért ne lehetne egy nyelv is egy zárt rendszer?

Ez az, amiért a Globish nagyon hasznos, mint egy zárt rendszer; egy nyelv közös korlátokra építve. Tudod, mit kell megtanulnod, és meg is tudod csinálni kevesebb erőfeszítéssel. És amikor használod, ismered az összes szabályt, amit a többi ember is ismer. Ez olyan ésszerű korlátokon alapszik, ami a nem angol anyanyelvű beszélőknek van, amikor használják az angolt. Amit ebben a könyvben tárgyalunk, azok a fő alkotóelemei ennek a zárt rendszernek.

Globish is limited to 1500 words

A Globish 1500 szóra van korlátozva

Globish has limited ways of using words.	A Globish-nak korlátozott módjai vannak a szóhasználatra.
Globish has limited length sentences.	A Globish-ban korlátozott a mondathossz.
Globish is limited to understanding.	A Globish a megértésre van korlátozva.
Globish has no limits in using hands, face, or body.	A Globish-nak nincsenek korlátai a kezek, az arc vagy a test használatában.

Chapter 16
1500 Basic Words

16. fejezet
1500 alapszó

Before the English teachers all ask one question, let us answer it

There is *no* evidence that having 1500 words is ideal, except for one thing: *It's easier to learn 1500 words than 1800 or 2000 words.* And with fewer than 1000 words you won't have some very common words when you need them. Also, you can learn spelling and pronunciation of each individual word. That way you won't have to worry about a lot of spelling and pronunciation rules. (You probably already know that English doesn't do well with its spelling and pronunciation rules.)

These 1,500 words come from several lists of most-

Mielőtt az összes angoltanár feltesz egy kérdést, hadd válaszoljuk azt meg

Nincs bizonyíték arra, hogy 1500 szó megléte ideális, kivéve egy dolgot: *Könnyebb megtanulni 1500 szót, mint 1800 vagy 2000 szót.* És kevesebbel, mint 1000 szó nem fogsz tudni néhány nagyon gyakori szót, amikor szükséged lesz rá. Szintén meg tudod tanulni a helyesírását és a kiejtését minden egyes szónak. Így nem kell majd aggódnod a sok helyesírási és kiejtési szabály miatt. (Talán már tudod, hogy az angol nem szerepel jól a helyesírási és a kiejtési szabályai betartásában.)

Ez az 1500 szó a leggyakrabban használt

commonly used English words. It is very much like the 1500 words used by Voice of America, but it has fewer political words. It is very much like basic Technical English used in international training books but without all of words for measurements. In fact, there are many lists of the "most common" 1500 words, and they all vary a lot in the last 200 words, depending on who is selecting. **So this is ours.**

angol szavak különböző listáiból származik. Nagyon hasonló az Amerika Hangja (Voice of America) által használt 1500 szóhoz, de kevesebb politikai szava van. Nagyon hasonló az alap szakmai angolhoz, amit a nemzetközi tréning könyvekben használnak, de a mértékegységekre használt szavak nélkül. Valójában, sok „leggyakoribb" 1500 szavas lista létezik, és mind, az utolsó 200 szóban különbözik leginkább, attól függően, hogy ki válogatja. **Itt van a miénk.**

The Basic 1500 Globish Words / Az 1500 alap Globish szó

a = egy	ahead = előre	appeal = felhívás	available = elérhető
able = képes	aid = segítség	appear = megjelenik	average = átlagos
about = körülbelül	aim = cél	apple = alma	avoid = elkerül
above = felett	air = levegő	apply = alkalmaz	awake = felébred
accept = elfogad	alive = élő	appoint = kijelöl	award = díj
according (to) = szerint	all = mind	approve = jóváhagy	away = távol
account = fiók	allow = megenged	area = terület	baby = baba
accuse = vádol	ally = szövetkezik	argue = érvel	back = vissza
achieve = elér	almost = majdnem	arm = kar	bad = rossz
across = keresztül	alone = egyedül	army = hadsereg	bag = táska
act = cselekszik	along = mentén	around = körül	balance = egyensúly
adapt = alkalmazkodik	already = már	arrest = letartóztat	ball = labda
add = hozzáad	also = szintén	arrive = érkezik	ballot = titkosan szavaz
admit = elismerem	although = habár	art = művészet	ban = tilalom
adult = felnőtt	always = mindig	as = mint	bank = bank
advertisement = reklám	among = között	ask = kérdez	bar = bár
advise = tanács	amount = összeg	assist = segít	barrier = akadály
affect = befolyásol	and = és	at = -kor, -nál	base = alap
afraid = fél	anger = harag	attach = hozzácsatol	basket = kosár
after = után	angle = szög	attack = támadás	bath = fürdő
again = ismét	announce = bejelent	attempt = kísérlet	battle = csata
against = ellen	another = egy másik	attend = részt vesz	be = lenni
age = kor	answer = válaszol	attention = figyelem	bear = medve
agency = ügynökség	any = bármely	authority = hatóság	beat = üt
ago = ezelőtt	apartment = lakás	automatic = automatikus	beauty = szépség
agree = egyetért	apologize = bocsánatot kér	autumn = ősz	because = mert

become = válik
bed = ágy
beer = sör
before = előtt
begin = kezd
behind = mögött
believe = hisz
bell = harang
belong = tartozik
below = alatt
bend = elhajol
beside = mellett
best = legjobb
betray = cserbenhagy
better = jobb
between = között
big = nagy
bill = számla
bird = madár
birth = születés
bit = darab
bite = harap
black = fekete
blade = penge
blame = hibáztat
blank = üres
blanket = takaró
bleed = vérzik
blind = vak
block = tömb
blood = vér
blow = fúj
blue = kék
board = tábla
boat = csónak
body = test
bomb = bomba
bone = csont
bonus = jutalom
book = könyv
boot = csizma
border = határ
born = született
borrow = kölcsönkér
boss = főnök
both = mindkettő
bottle = palack
bottom = alja
box = láda
boy = fiú
boycott = bojkott
brain = agy
brake = fék
branch = ág
brave = bátor
bread = kenyér
break = tör
breathe = lélegzik
brick = tégla
bridge = híd
brief = rövid
bright = fényes
bring = hoz
broad = széles
broadcast = adás
brother = fiútestvér
brown = barna
brush = kefe
budget = költségvetés

build = épít
bullet = lövedék
burn = ég
burst = szétrobban
bury = eltemet
business = üzlet
busy = elfoglalt
but = de
butter = vaj
button = gomb
buy = vásárol
by = -nál, -nél
cabinet = kabinet
call = hív
calm = nyugodt
camera = fényképezőgép
camp = tábor
campaign = kampány
can = képes
cancel = eltöröl
capture = elfog
car = autó
card = kártya
care = gondoskodás
carriage = szállítmány
carry = cipel
case = eset
cash = készpénz
cat = macska
catch = elkap
cause = okoz
celebrate = ünnepel
cell = cella
center = központ
century = évszázad
ceremony = ünnepség
certain = biztos
chain = lánc
chair = szék
chairman = elnök
challenge = kihívás
champion = bajnok
chance = esély
change = változás
channel = csatorna
character = jelleg
charge = díj
chart = diagram
chase = üldöz
cheap = olcsó
check = ellenőriz
cheer = jókedv
cheese = sajt
chemical = vegyi
chest = mellkas
chief = főnök
child = gyerek
choose = választ
church = templom
circle = kör
citizen = polgár
city = város
civilian = polgári
claim = igényel
clash = csattogtat
class = osztály
clean = tiszta
clear = világos
climate = éghajlat

climb = mászik
clock = óra
close = bezár
cloth = rongy
cloud = felhő
coal = kőszén
coast = part
coat = kabát
code = kód
cold = hideg
collect = gyűjt
college = főiskola
colony = gyarmat
color = szín
combine = összekapcsol
come = jön
comfort = kényelem
command = parancs
comment = hozzászólás
committee = bizottság
common = gyakori
communicate =
kommunikálni
community = közösség
company = vállalat
compare = Összehasonlít
compete = versenyez
complete = teljes
compromise = kiegyezik
computer = számítógép
concern = gond
condemn = elítél
condition = feltétel
conference = konferencia
confirm = igazol
congratulate = gratulál
congress = kongresszus
connect = összeköt
consider = megfontol
consumption = fogyasztás
contact = kapcsolat
contain = tartalmaz
continent = kontinens
continue = folytat
control = ellenőriz
cook = főz
cool = hűvös
cooperate =
együttműködik
copy = másol
cork = dugó
corn = kukorica
corner = sarok
correct = helyes
cost = vmibe kerül
cotton = pamut
count = számol
country = ország
course = tanfolyam
court = bíróság
cover = befed
cow = tehén
crash = csattan
create = létrehoz
credit = jó pont
crew = legénység
crime = bűntény
crisis = válság
criteria = kritériumok

criticize = kritizál
crop = termény
cross = kereszt
crowd = tömeg
crush = összenyom
cry = sír
culture = kultúra
cup = csésze
cure = meggyógyít
current = időszerű
custom = szokás
cut = vág
damage = kár
dance = tánc
danger = veszély
dark = sötét
date = dátum
daughter = lánya vkinek
day = nap
dead = halott
deaf = siket
deal = foglalkozik
dear = kedves
debate = vita
debt = adósság
decide = eldönt
declare = kijelent
decrease = csökken
deep = mély
defeat = vereség
defend = megvéd
define = meghatároz
degree = fok
delay = késés
delicate = érzékeny
deliver = kézbesít
demand = kereslet
demonstrate = bizonyít
denounce = feljelent
deny = megtagad
departure = indulás
depend = függ
deploy = bevet
depression = depresszió
describe = leír
desert* = sivatag
design = kivitel
desire = vágy
destroy = elpusztít
detail = részlet
develop = fejleszt
device = eszköz
die = meghal
diet = diéta
differ = különbözik
difficult = nehéz
dig = ás
dinner = vacsora
diplomat = diplomata
direct = közvetlen
dirt = piszok
disappear = eltűnik
discover = felfedez
discuss = megbeszél
disease = betegség
disk = lemez
dismiss = elbocsát
dispute = vita
distance = távolság

143

divide = eloszt
do = csinál
doctor = orvos
document = dokumentum
dog = kutya
door = ajtó
doubt = kétség
down = le
drain = csatorna
draw = rajzol
dream = álom
dress = ruha
drink = ital
drive = vezet
drop = leejt
drug = kábítószer
dry = száraz
during = mialatt
dust = por
duty = szolgálat
each = mindegyik
ear = fül
early = korán
earn = keres
earth = föld
east = keletre
easy = könnyű
eat = eszik
edge = perem
education = oktatás
effect = hatása
effort = erőfeszítés
egg = tojás
either = akármelyik
elastic = rugalmas
electricity =
elektromosság
element = elem
else = egyéb
embassy = nagykövetség
emergency = vészhelyzet
emotion = érzelem
employ = foglalkoztat
empty = üres
end = vége
enemy = ellenség
enforce = kikényszerít
engine = motor
enjoy = élvez
enough = elég
enter = belép
entertain = szórakoztat
environment = környezet
equal = egyenlő
equate = kiegyenlít
equipment = felszerelés
erase = töröl
escape = menekül
especially = különösen
establish = alapít
estimate = becsül
ethnic = etnikai
evaporate = párolog
even = egyenlő
event = esemény
ever = örökké
every = minden
evidence = bizonyíték
evil = gonosz

exact = pontos
example = példa
except = kivéve
exchange = csere
excuse = mentség
execute = elvégez
exercise = gyakorlat
exist = létezik
exit = kijárat
expand = kiterjeszt
expect = elvár
expense = költség
experience = tapasztalat
experiment = kísérlet
expert = szakértő
explain = elmagyaráz
explode = felrobban
explore = Explore
export* = export
express = kifejez
extend = kiterjeszt
extra = extra
extreme = extrém
eye = szem
face = arc
fact = tény
factory = gyár
fail = megbukik
fair = vásár
fall = esik
false = hamis
family = család
famous = híres
far = távol
fast = gyors
fat = kövér
father = apa
fear = félelem
feather = tollazat
feature = jellemvonás
feed = etet
feel = érez
female = nő
fertile = termékeny
few = néhány
field = mező
fierce = heves
fight = harcol
figure = alak
file = fájl
fill = kitölt
film = film
final = végleges
finance = pénzügy
find = talál
fine = büntetés
finger = ujj
finish = befejez
fire = tűz
firm = cég
first = első
fish = hal
fist = ököl
fit = hozzáillik
fix = megjavít
flag = zászló
flat = lapos
float = lebeg
floor = padló

flow = folyik
flower = virág
fluid = folyadék
fly = repül
fog = köd
fold = összehajt
follow = követ
food = étel
fool = bolond
foot = láb
for = részére
forbid = megtilt
force = erő
foreign = külföldi
forest = erdő
forget = elfelejt
forgive = megbocsát
form = forma
former = korábbi
forward = továbbít
frame = keret
free = szabad
freeze = megfagy
fresh = friss
friend = barát
frighten = megijeszt
from = -ből,-ból
front = eleje
fruit = gyümölcs
fuel = üzemanyag
full = tele
fun = tréfa
future = jövő
gain = elnyer
gallon = gallon
game = játék
gang = banda
garden = kert
gas = gáz
gather = összegyűjt
general = általános
gentle = szelíd
get = kap
gift = ajándék
girl = lány
give = ad
glass = pohár
global = globális
go = megy
goal = cél
god = isten
gold = arany
good = jó
govern = igazgat
grass = fű
gray (grey) = szürke
great = nagy
green = zöld
ground = talaj
group = csoport
grow = nő
guarantee = garancia
guard = őr
guess = hisz
guide = vezet
guilty = bűnös
gun = pisztoly
guy = fickó
hair = haj

half = fele
halt = megszakít
hand = kéz
hang = felakaszt
happen = történik
happy = boldog
hard = kemény
harm = sérelem
hat = kalap
hate = gyűlöl
have = van vkinek vmije
he = ő
head = fej
heal = gyógyít
health = egészség
hear = hall
heart = szív
heat = melegít
heavy = nehéz
help = segítség
her = őt
here = itt
hide = elrejt
high = magas
hijack = eltérít (reülőt)
hill = domb
him = őt
hire = szerződtet
his = övé
history = történelem
hit = üt
hold = tart
hole = lyuk
holiday = ünnep
hollow = üres
holy = szent
home = otthon
honest = őszinte
hope = remél
horrible = borzalmas
horse = ló
hospital = kórház
hostage = túsz
hostile = ellenséges
hot = forró
hour = óra
house = ház
how = hogyan
however = azonban
huge = hatalmas
human = emberi
humor = humor
hunger = éhség
hunt = vadászat
hurry = siet
hurt = megsért
husband = férj
I = én
ice = jég
idea = ötlet
identify = azonosít
if = ha
ill = beteg
imagine = elképzel
import* = import
important = fontos
improve = javul
in = -ban,-ben
inch = hüvelyk

144

incident = incidens
include = beleért
increase* = növekszik
independent = független
indicate = jelez
individual = egyéni
industry = ipar
infect = megfertőz
influence = befolyás
inform = tájékoztat
inject = befecskendez
injure = megsérül
innocent = ártatlan
insane = bolond
insect = rovar
inspect = ellenőriz
instead = helyett
insult* = sértés
insurance = biztosítás
intelligence = intelligencia
intense = heves
interest = érdeklődés
interfere = megakadályoz
international =
nemzetközi
into = bele -ba,-be
invade = betör
invent = feltalál
invest = befektet
investigate = kivizsgál
invite = meghív
involve = magába foglal
iron = vas
island = sziget
issue = ügy
it = az
item = tétel
jacket = kabát
jail = börtön
jewel = ékszer
job = munka
join = csatlakozik
joint = összeilleszt
joke = vicc
joy = öröm
judge = ítélkezik
jump = ugrás
jury = zsűri
just = csak
keep = tart
key = kulcs
kick = rúg
kid = kölyök
kill = öl
kind = kedves
king = király
kiss = csók
kit = készlet
kitchen = konyha
knife = kés
know = tud
labor = labor
laboratory = laboratórium
lack = hiány
lake = tó
land = föld
language = nyelv
large = nagy
last = utolsó

late = késő
laugh = nevet
law = törvény
lay = lefektet
lead = vezet
leak = szivárog
learn = tanul
least = legkevesebb
leave = elhagy
left = bal
leg = láb
legal = legális
lend = kölcsönad
length = hossz
less = kevesebb
let = hagy
letter = levél
level = szint
lie = hazugság
life = élet
lift = emel
light = fény
like = mint
limit = határérték
line = vonal
link = láncszem
lip = ajak
liquid = folyadék
list = lista
listen = hallgat
little = kevés
live = él
load = tölt
loan = hitel
local = helyi
locate = elhelyez
lock = zár
log = napló
lone = magányos
long = hosszú
look = néz
loose = laza
lose = elveszt
lot = sok
loud = hangos
love = szerelem
low = alacsony
luck = szerencse
magic = varázslat
mail = postáz
main = fő
major = fő-
make = készít
male = hím
man = férfi
manufacture = gyártás
many = sok
map = térkép
march = menetel
mark = megjelöl
market = piac
marry = házasodik
master = mester
match = összeillik
material = anyagi
matter = számít
may = lehet
mayor = polgármester
me = engem

meal = étel
mean = jelent
measure = mér
meat = hús
media = média
meet = találkozik
member = tag
memory = memória
mental = mentális
mercy = áldás
message = üzenet
metal = fém
meter = mérő
method = módszer
middle = közepes
might = lehet
mile = mérföld
military = hadsereg
milk = tej
mind = ész
mine = enyém
minister = miniszter
minor = kisebb
miscellaneous = vegyes
miss = elhibáz
mistake = hiba
mix = összekever
mob = csőcselék
model = modell
moderate = mérsékelt
modern = modern
money = pénz
month = hónap
moon = hold
moral = erkölcsi
more = több
morning = reggel
most = legtöbb
mother = anya
motion = mozgás
mountain = hegy
mouth = száj
move = mozog
much = sok
murder = gyilkosság
muscle = izom
music = zene
must = kell
my = enyém
mystery = rejtély
nail = köröm
name = név
narrow = szűk
nation = nemzet
native = belföldi
navy = haditengerészet
near = közel
necessary = szükséges
neck = nyak
need = szükség
neighbor = szomszéd
neither = egyik sem
nerve = ideg
neutral = semleges
never = soha
new = új
news = hírek
next = következő
nice = kedves

night = éjszaka
no = nem
noise = zaj
noon = dél
normal = normál
north = észak
nose = orr
not = ne
note = jegyzet
nothing = semmi
notice = megfigyel
now = most
nowhere = sehova
number = szám
obey = engedelmeskedik
object = tárgy
observe = megfigyel
occupy = elfoglal
occur = előfordul
of = -ból,-ből
off = ki
offensive = támadó
offer = ajánlat
office = iroda
officer = tisztviselő
often = gyakran
oil = olaj
old = öreg
on = -on,-en-ön
once = egyszer
only = csak
open = nyit
operate = működik
opinion = vélemény
opportunity = lehetőség
opposite = ellenkező
oppress = elnyom
or = vagy
order = rendelés
organize = megszervez
other = más
ounce = uncia
our = miénk
ours = mienk
oust = elűz
out = ki
over = felett
owe = tartozik
own = saját
page = oldal
pain = fájdalom
paint = festék
pan = lábas
pants = nadrág
paper = papír
parade = parádé
parcel = csomag
parent = szülő
parliament = parlament
part = rész
party = parti
pass = továbbad
passenger = utas
past = múlt
paste = ragaszt
path = ösvény
patient = beteg
pattern = minta
pay = fizet

145

peace = béke
pen = toll
pencil = ceruza
people = emberek
percent = százalék
perfect = tökéletes
perform = végrehajt
perhaps = talán
period = időszak
permanent = állandó
permit = engedély
person = személy
physical = fizikai
pick = megválogat
picture = kép
piece = darab
pig = disznó
pilot = pilóta
pint = pint
pipe = cső
place = hely
plain = sima
plan = terv
plane = repülőgép
plant = növény
plastic = műanyag
plate = tányér
play = játszik
please = kérem
plenty = bőség
pocket = zseb
point = pont
poison = méreg
policy = politika
politics = politikai
pollute = szennyez
poor = szegény
popular = népszerű
port = kikötő
position = helyzet
possess = birtokol
possible = lehetséges
postpone = elhalaszt
potato = burgonya
pound = font
pour = önt
powder = por
power = hatalom
practice = gyakorlat
praise = dicséret
pray = imádkozik
pregnant = terhes
present = jelen
press = sajtó
pretty = kedves
prevent = megelőz
price = ár
print = nyomtat
prison = börtön
private = privát
prize = díj
problem = probléma
process = folyamat
product = termék
professor = professzor
profit = profit
program = program
progress* = előremenetel
project* = kutatási téma

property = tulajdon
propose = javasol
protect = megvéd
protest = tiltakozik
prove = bebizonyít
provide = nyújt
public = nyilvános
publish = közzétesz
pull = húz
punish = megbüntet
purchase = megvásárol
pure = tiszta
purpose = cél
push = nyom
put = tesz
quality = minőség
quart = kvart
quarter = negyed
queen = királynő
question = kérdés
quick = gyors
quiet = csendes
quit = elhagy
quite = elég
race = verseny
radiation = sugárzás
raid = rajtaütés
rail = vasút
rain = eső
raise = emel
range = tartomány
rare = ritka
rate = díj
rather = inkább
ray = sugár
reach = elér
react = reagál
read = olvas
ready = kész
real = igazi
reason = ok
receive = kap
recognize = felismer
record* = rekord
recover = meggyógyul
red = piros
reduce = csökken
refugee = menekült
refuse* = visszautasít
regret = megbán
regular = rendszeres
reject = elutasít
relation = kapcsolat
release = kienged
remain = marad
remember = emlékezik
remove = eltávolít
repair = javít
repeat = ismétel
report = jelentés
represent = képvisel
request = kérés
require = igényel
rescue = megment
research = kutatás
resign = lemond
resist = ellenáll
resolution = fogadalom
resource = forrás

respect = méltányol
responsible = felelős
rest = nyugalom
restrain = visszatart
result = eredmény
retire = nyugdíjba megy
return = visszatér
revolt = lázadás
reward = jutalom
rice = rizs
rich = gazdag
ride = lovaglás
right = jobb
ring = gyűrű
riot = lázadás
rise = emel
risk = kockázat
river = folyó
road = út
rob = kirabol
rock = szikla
rocket = rakéta
roll = gurul
roof = tető
room = szoba
root = gyökér
rope = kötél
rough = durva
round = kör
row = sor
rub = kiradíroz
rubber = gumi
ruin = rom
rule = szabály
run = fut
sad = szomorú
safe = biztonságos
sail = vitorla
salt = só
same = ugyanaz
sand = homok
satisfy = eleget tesz
save = ment
say = mond
scale = skála
scare = megrémít
school = iskola
science = tudomány
score = pontszám
script = forgatókönyv
sea = tenger
search = keres
season = évszak
seat = ülés
second = második
secret = titkos
section = részleg
security = biztonság
see = lát
seed = mag
seek = keres
seem = tűnik
seize = megragad
seldom = ritkán
self = önmaga
sell = elad
senate = Szenátus
send = elküld
sense = értelem

sentence = mondat
separate = külön
series = sorozat
serious = komoly
serve = szolgál
set = beállít
settle = letelepszik
several = számos
severe = Súlyos
sex = szex
shade = árnyékol
shake = ráz
shall = fog
shame = szégyen
shape = alak
share = megoszt
sharp = éles
she = ő
sheet = lap
shelf = polc
shell = kagyló
shelter = menedék
shine = fényesít
ship = hajó
shirt = ing
shock = sokk
shoe = cipő
shoot = lő
shop = üzlet
short = rövid
should = kellene
shout = kiabál
show = mutat
shrink = összemegy
shut = becsuk
sick = beteg
side = oldal
sign = aláír
signal = jel
silence = csend
silk = selyem
silver = ezüst
similar = hasonló
simple = egyszerű
since = óta
sing = énekel
single = egyedülálló
sister = leánytestvér
sit = ül
situation = helyzet
size = méret
skill = készség
skin = bőr
skirt = szoknya
sky = ég
slave = rabszolga
sleep = alszik
slide = csúszik
slip = oson
slow = lassú
small = kicsi
smart = okos
smash = szétzúz
smell = szag
smile = mosolyog
smoke = füst
smooth = sima
snack = falatozás
snake = kígyó

146

sneeze = tüsszent
snow = hó
so = így
soap = szappan
social = társadalmi
society = társadalom
soft = puha
soil = talaj
soldier = katona
solid = szilárd
solve = megold
some = néhány
son = fia vkinek
song = énekel
soon = hamarosan
sorry = bocsánat
sort = csoportosít
soul = lélek
sound = hang
south = dél
space = terület
speak = beszél
special = különleges
speech = beszéd
speed = sebesség
spell = helyesírás
spend = elkölt
spirit = lélek
spot = színhely
spread = elterjed
spring = tavasz
spy = kém
square = négyzet alakú
stage = szakasz
stairs = lépcső
stamp = bélyeg
stand = áll
star = csillag
start = elkezd
starve = éhezik
state = állam
station = állomás
status = állapot
stay = marad
steal = lop
steam = gőz
steel = acél
step = lépés
stick = bot
still = még mindig
stomach = gyomor
stone = kő
stop = megáll
store = tárol
storm = vihar
story = történet
straight = egyenes
strange = különös
stream = áramlás
street = utca
stretch = nyújt
strike = sztrájk
string = felfűz
strong = erős
structure = szerkezet
struggle = küzd
study = tanulmány
stupid = ostoba
subject = alany

substance = anyag
substitute = helyettesít
succeed = sikert arat
such = ilyen
sudden = hirtelen
suffer = szenved
sugar = cukor
suggest = javasol
suit = megfelel vkinek
summer = nyár
sun = nap
supervise = felügyel
supply = ellátás
support = támogat
suppose = feltételez
suppress = elnyom
sure = biztos
surface = felszín
surprise = meglepetés
surround = körülvesz
survive = túlél
suspect = gyanús
suspend = felfüggeszt
swallow = lenyel
swear = esküszik
sweet = édes
swim = úszik
symbol = szimbólum
sympathy = együttérzés
system = rendszer
table = asztal
tail = farok
take = visz
talk = beszélget
tall = magas
target = célpont
task = feladat
taste = íz
tax = adó
tea = tea
teach = tanít
team = csapat
tear = könnycsepp
tear = széttép
tell = mond
term = időszak
terrible = szörnyű
territory = terület
terror = terror
test = teszt
than = mint
thank = megköszön
that = az
the = a
theater = színház
their = övék
theirs = övék
them = őket
then = majd
theory = elmélet
there = ott
these = ezek
they = ők
thick = vastag
thin = vékony
thing = dolog
think = gondolkodik
third = harmadik
this = ez

those = azok
though = bár
thought = gondolat
threaten = fenyeget
through = keresztül
throw = hajít
thus = ezáltal
tie = megköt
tight = szoros
time = idő
tin = konzervdoboz
tiny = apró
tire = elfárad
title = cím
to = -hoz,-hez-höz
today = ma
together = együtt
tomorrow = holnap
tone = hangnem
tongue = nyelv
tonight = ma este
too = is
tool = eszköz
tooth = fogak
top = felső
total = összesen
touch = érint
toward = felé
town = város
track = nyomvonal
trade = kereskedelem
tradition = hagyomány
traffic = forgalom
train = vonat
transport* = közlekedés
travel = utazás
treason = árulás
treasure = kincs
treat = kezel
treaty = szerződés
tree = fa
trial = próba
tribe = törzs
trick = trükk
trip = utazás
troop = csapat
trouble = gond
truck = teherautó
true = igaz
trust = bizalom
try = próbál
tube = cső
turn = fordul
twice = kétszer
under = alatt
understand = megért
unit = egység
universe = világegyetem
unless = hacsak nem
until = amíg
up = fel
upon = -on
urge = sürget
us = minket
use = használ
valley = völgy
value = érték
vary = eltér
vegetable = zöldség

vehicle = jármű
version = változat
very = nagyon
veto = vétó
vicious = ördögi
victim = áldozat
victory = győzelem
view = látvány
violence = erőszak
visit = meglátogat
voice = hang
volume = térfogat
vote = szavaz
wage = bér
wait = vár
walk = sétál
wall = fal
want = akar
war = háború
warm = meleg
warn = figyelmeztet
wash = mos
waste = elveszteget
watch = karóra
water = víz
wave = hullám
way = út
we = mi
weak = gyenge
wealth = gazdagság
weapon = fegyver
wear = visel
weather = időjárás
week = hét
weight = súly
welcome = üdvözöl
well = nos
west = nyugat
wet = nedves
what = mi
wheat = búza
wheel = kerék
when = mikor
where = hol
whether = vajon
which = melyik
while = mialatt
white = fehér
who = ki
whole = teljes
why = miért
wide = széles
wife = feleség
wild = vad
will = akarat
win = győz
wind = szél
window = ablak
wine = bor
wing = szárny
winter = tél
wire = huzal
wise = bölcs
wish = kívánság
with = -val,-vel
withdraw = visszavon
without = nélkül
woman = nő
wonder = csoda

wood = fa	worry = aggódik	write = ír	yes = igen
wool = gyapjú	worse = rosszabb	wrong = téves	yesterday = tegnap
word = szó	worth = értékű	yard = udvar	yet = még
work = munka	wound = seb	year = év	you = te,ti
world = világ	wreck = roncs	yellow = sárga	young = fiatal

When you learn a Globish word, you will not need to learn spelling rules or pronunciation rules. You will need to think of only that word. You should learn its individual pronunciation and how its individual spelling looks to you.

If you attempt to *sound out* every word from the English *spelling* **you will be sorry**. English writing has a very loose relationship with its sounds. But please…you must do everything to learn the **stressed** syllables in the Globish words. If you will say that stressed syllable in a **heavy** tone, most people can understand the rest.

One key sound that *is* more important to Globish – and English – than any other is the "*schwa*" sound. The *schwa* is almost not a sound. It

Amikor megtanulsz egy Globish szót, nem lesz szükséged megtanulni a helyesírási vagy kiejtési szabályokat. Csak arra az egy szóra kell majd gondolnod. Meg kellene tanulnod az egyedi kiejtését, és hogy hogyan néz ki az egyéni írásképe.

Ha minden szót az angol *írásképből* próbálsz meg kiejteni, **meg fogod bánni**. Az angol írásmódnak nagyon laza kapcsolata van a hangzással. De kérlek…mindent meg kell tenned, hogy megtanuld a **hangsúlyos** szótagokat a Globish szavakban. Ha azt a hangsúlyos szótagot **erős** hanghordozással fogod mondani, a legtöbb ember meg fogja érteni a maradékot.

Az egyik kulcshangzó, ami fontosabb a Globish-ban – és az angolban – mint bármelyik másik, az a „*schwa*" hang (alig kiejtett, gyenge

usually "fills in" in words of more than one syllable, as a way of moving quickly over unstressed syllables. The *schwa* also makes trying to spell using sound very difficult.

All of these letters and letter-combinations will sound the same when an English speaker or a good Globish speaker says them. Using the schwa on the unstressed syllable is the most important thing about Globish (or English) pronunciation – and spelling – that you can know, because it makes everything else so much easier.

magánhangzó). A *schwa* majdhogy nem is egy hang. Általában a több mint egy szótagú szavakat „tölti fel", mint a hangsúlytalan szótagokon történő gyors áthaladás módszere. A *schwa* hang is megnehezíti a hangzás utáni betűzést.

Az összes ilyen betű és betűkombináció ugyanúgy fog hangzani, amikor egy angol anyanyelvű vagy egy jól Globish-ul beszélő mondja. A schwa használata a hangsúlytalan szótagokban a legfontosabb dolog a Globish (vagy az angol) kiejtésben – és helyesírásban – amit csak tudhatsz, mert ez minden mást sokkal könnyebbé tesz.

Chapter 17
When Globish Arrives

17. fejezet
Amikor a Globish megérkezik

Since 2004, when the first books about Globish were published, the talk about Globish has changed. In that year, in forums on the Internet, many English teachers looked at the idea – and then looked away, saying: "I cannot imagine anything important being said in Globish" and "They are going to destroy our beautiful English language" and "Why can't they just learn how to speak decent English?" These forums are still on the Internet. You can Google them.

But many more people were still traveling from their countries, and still joining

2004 óta, amikor az első könyveket kiadták a Globish-ról, a Globish-ról folyó beszélgetés megváltozott. Abban az évben, a fórumokban az interneten, sok angoltanár ránézett az elképzelésre – és aztán el is nézett onnan, ezt mondva: „Nem tudom elképzelni, hogy bármi fontosat lehet mondani Globish-ul", és „Tönkre fogják tenni a gyönyörű angol nyelvünket", és „Miért nem tudják megtanulni, hogy kell tisztességes angolt beszélni?" Ezek a fórumok még mindig fent vannak az interneten. Rájuk tudsz keresni.

De sokkal több ember utazott el mégis az országukból és csatlakozott nemzetközi

global businesses. Many more in this period were leaving their countries on work-permits for the first time to take jobs in more prosperous countries. They could not wait, they had to speak and be heard. And because they were speaking English across the world, more people began to see what these people with just "enough" English could really do. They built roads and houses, but many also made scientific discoveries and many more made lots of money in new worldwide businesses. All of this with just "enough" English.

Now, 5 years later, the tone toward Globish has changed. Most people now accept that native English speakers will not rule the world. Most people accept that there are important leaders who speak only "enough" English, but use it well to lead very well in the world.

üzletekhez. Ebben az időszakban egyre többen hagyták el először az országukat munkavállalási engedéllyel, hogy munkát vállaljanak jobban virágzó országokban. Nem tudtak várni, beszélniük kellett, és hallatni a hangjukat. És mert ők angolul beszéltek mindenhol a világban, egyre több ember kezdte meglátni, hogy ezek az emberek, csak „elégséges" angollal, valójában mit tudnak csinálni. Utakat és házakat építettek, de sokan tudományos felfedezéseket is tettek, és még többen kerestek nagyon sok pénzt az új nemzetközi üzletekkel. És mindezt csak az „elégséges" angollal.

Most, 5 évvel később, a hangnem a Globish irányába megváltozott. A legtöbb ember most elfogadja, hogy az angol anyanyelvűek nem fogják uralni a világot. A legtöbb ember elfogadja, hogy vannak fontos vezetők, akik csak „elégséges" angolt beszélnek, de elég jól

So now there are very different questions, in the same forums. Some of the same people from 2004 are now asking:

"How many people now know enough English?".

"Should the native English-speaking teachers, who said 'you will never be good enough' now still be the guards over the language?" and

"Who will own the language?" And some few are beginning to ask: "How much English is enough?"

We think Globish – as described in this book – carries many of the answers.

Globish developed from observations and recording of what seemed to be the usual limitations of the average non-native speakers

használják ahhoz, hogy nagyon jól irányítsanak a világban.

Így most már nagyon különböző kérdések vannak ugyanazokon a fórumokon. Néhányan, ugyanazok az emberek közül 2004-ből, most ezt kérdezik:

„Hány ember tudja most az elégséges angolt?"

„Az angol anyanyelvű tanároknak, akik azt mondták, hogy „sohasem leszel elég jó", még mindig a nyelv feletti őröknek kellene hogy legyenek?" és

„Ki fogja birtokolni a nyelvet?" És jónéhányan elkezdik kérdezni: „Mennyi angol az elégséges?"

Azt gondoljuk, hogy a Globish – ahogy le van írva ebben a könyvben – a válaszok közül sokat magában hordoz.

A Globish megfigyelésekből, és adatrögzítésből fejlődött ki, hogy mi tűnt az átlagos nem angol anyanyelvű beszélő általános korlátainak.

153

of English. Perhaps only 10% of those have studied English more than a year, or lived for a year in an English-speaking country. But they may have enough, if they know what *is* enough.

Perhaps in the next 5 years, more people will run out of money for never-ending English classes. And more people will decide to follow careers and have families and ... live...instead of always trying – year after year – for that goal of perfect English.

Globish may have their answer. And it may also have the answer for global companies who need enough English – but perhaps not perfect English – in their home offices and sales branches. Globish might work for these companies if their native speakers will -- at the same time -- learn how much English is too much.

Talán, csak 10%-uk tanult angolul több mint egy évig, vagy élt egy évig egy angolul beszélő országban. De lehet, hogy eleget tudnak, ha tudják mi az elégséges.

Lehet, hogy az elkövetkező 5 évben több embernek el fog fogyni a pénze a soha véget nem érő angolórákra. És egyre több ember fog úgy dönteni, hogy karriert hajszol, és családot alapít és... él... ahelyett, hogy állandóan próbálná – évről évre – a tökéletes angolt, mint célt elérni.

A Globish-nak lehet, hogy megvan a válasza. És lehet, hogy megvan a válasza azoknak a globális vállalatoknak, melyeknek szükségük van elégséges angolra – de talán nem a tökéletes angolra – a belföldi irodáikban és az eladási kirendeltségeken. A Globish lehet, hogy működne ezeknek a vállalatoknak, ha az ő anyanyelvi beszélőik meg fogják – egyidejűleg – tanulni, hogy mennyi angol a túl sok.

Globish is what Toronto University linguist Jack Chambers called in 2009 "a new thing and very interesting...if (they are) formally codifying it, then Globish will gain status."

This book has been written not only to describe and codify, but to demonstrate Globish as a natural language, yet one that is in a closed system that is predictable and dependable, and is very close to being used across the globe now.

Then with so many good reasons for Globish that so many people agree with, why hasn't it happened? Why hasn't it arrived?

There seem to be 3 main barriers to that arrival:

Physical: People think they do not have the time or the money or the nearness to English Speaking to learn enough as a tool. With new

media and Internet courses, this will make Globish all the easier to learn.

Language: Many English speakers truly feel that you cannot have just part of a language and you must always try for all of it. Quite a few language professors say that Globish is "not studied enough" or "not structured enough" – as always, without saying how much IS enough.

Political: The questions of who will make Globish happen, and who will require it, and who will finally "own" it seem central here. The remaining people who speak against Globish will discover that the citizens of the world will require it, make it happen, and own it – likely within the next 10 years. The very name *Globish* establishes this new point of view – that of the Global citizen who does not need the

tanulják azt, mint egy eszközt. Az új médiumokkal és az internetes kurzusokkal, ez könnyebbé fogja tenni a Globish tanulását.

Nyelv: Sok angolul beszélő tényleg úgy érzi, hogy nem birtokolhatod a nyelvnek csak egy részét, hanem mindig törekedned kell az egészre. Szép számú nyelvprofesszor azt mondja, hogy a Globish-t „nem tanulmányozták eléggé" vagy, hogy „nincs eléggé struktúrálva" – mint mindig, anélkül, hogy megmondanák, hogy mennyi az elég.

Politikai: A kérdések, hogy ki fogja lendületbe hozni a Globish-t, és ki fogja igényelni azt, és ki fogja végül „birtokolni", központinak tűnnek itt. A többi ember, aki a Globish ellen beszél, fel fogja fedezni, hogy a világ polgárai fogják igényelni, lendületbe hozni és birtokolni – valószínűleg az elkövetkező 10 éven belül. Az a név, hogy *Globish,* létrehozza ezt az új nézőpontot – a Globális

English past. This citizen needs only a dependable, usable language for the future.

Although it may not be historically exact, one has the image of the poor, beaten Englishmen who brought forth the Magna Carta in 1215. They were ruled by the foreign Normans, and the Normans wrote all the English laws in French, which the poor people in England could not understand. Along with others, these common people stood up before their Kings, at great risk to their families and themselves. And they said: "Enough!" They were frightened but still brave. Carrying only knives and clubs, they demanded that the laws by which they lived be more fair, and be given out in their own language – English.

Globish could be the

polgár nézőpontját, akinek nincs szüksége a régi angolra. Ennek a polgárnak csak egy megbízható, használható nyelvre van szüksége a jövőhöz.

Bár lehet, hogy történelmileg nem pontos, az embernek van egy elképzelése a szegény, kimerült angol emberekről, akik létrehozták a Magna Carta-t 1215-ben. Az idegen normannok uralták őket, és a normannok az összes angol törvényt franciául írták, amit a szegény emberek Angliában nem tudtak megérteni. Másokkal együtt, ezek az egyszerű emberek felálltak a királyuk előtt, nagy kockázatot vállalva a családjukra és önmagukra nézve. És ezt mondták: „Elég!". Féltek, de mégis bátrak voltak. Csak késeket és botokat viselve azt követelték, hogy a törvények, amik szerint éltek, legyenek igazságosabbak, és a saját nyelvükön – angolul- legyenek kibocsátva.

A Globish lehetne a

interesting next step for the world...when people use English to be freed from the English. Globish will arrive when these common people from every country in the world, stand up and say "Enough." And Globish, as you see it here, will be there to give them...enough. When Globish arrives, you will talk to someone who just a few years ago could not understand you ...and turned away. And you will write in Globish to someone who understands and answers – perhaps even with a job or a good school possibility...Then you will look at these few words of Globish and say...

következő érdekes lépés a világnak...amikor az emberek az angolt használják, hogy megszabaduljanak az angoltól. A Globish akkor fog megérkezni, amikor ezek az egyszerű emberek a világ minden országából felállnak, és azt mondják „Elég". És akkor a Globish, ahogy azt itt is látod, ott lesz, hogy odaadja nekik...az elégségest. Amikor a Globish megérkezik, olyan valakivel is fogsz beszélni, aki néhány évvel ezelőtt nem tudott megérteni téged...és elfordult. És Globish-ul fogsz írni olyan valakinek, aki megérti és válaszol – talán egy állás vagy egy jó iskolai lehetőséggel...Akkor rá fogsz nézni erre a néhány Globish szóra, és ezt fogod mondani:

"How rich I am.... Look at all of these words I have...So many words for so many opportunities and so many new friends...Look at all that I can do with them.... What valuable words they are...And I know them all!"

„Milyen gazdag vagyok... Nézd meg ezt a sok szót, ami az enyém... Olyan sok szó, olyan sok lehetőséghez és olyan sok új barát...Nézd mennyi mindent tudok velük csinálni... Milyen értékes szavak... És én tudom az összeset!"

Appendix   Melléklet

Synopsis

It would make very little sense to describe the details of Globish *either* to the person who has studied English -- or to the person who has not.

For that reason, we are giving only a synopsis of these chapters (Chapter 17-22) from the original book. The students who are studying English may, as their use of English -- or Globish -- improves, wish to try to read the original book. Their linguistic skills may then be ready for them to process that more specific information.

(In addition, this translated version will -- for obvious reasons -- leave out the adaptation from English to Globish of President Barack Obama's Inaguration

Összegzés

Nagyon kevés értelme volna leírni a Globish részleteit annak az embernek, aki tanult angolul - és annak is, aki nem.

Ennél az oknál fogva, csak egy összegzését adjuk ezeknek a fejezeteknek (17-22 fejezet) az eredeti könyvből. Azok a tanulók, akik angolul tanulnak lehet, hogy ahogy az angol - vagy a Globish - tudásuk fejlődik - meg akarják próbálni elovasni az eredeti könyvet. A nyelvtani készségük lehet, hogy addigra már kész lesz arra, hogy megértse azokat a sokkal specifikusabb információkat.

(Emellett ez a lefordított változat - nyilvánvaló okok miatt - ki fogja hagyni Barack Obama elnök 2009. január 20-i beiktatási beszédének az átdolgozását angolról

Chapter 17 (in the original book) - 1500 Basic Globish Words Father 5000

This chapter deals with how Globish -- and English -- is capable of making new words from basic words. There are basically 4 methods of making words from the basic 1500 words:

1. Putting two words together, as in: **class + room = classroom**

2. Adding letters to the front or the back of a word as in: **im + possible = impossible** (not possible) or **care + less = careless**. Many times it changes the part of speech, as when **care+less (careless)** becomes an adjective.

3. **Many** times the **same word** is used as a **noun**, a **verb**, and an **adjective. We drive a** *truck*. **With it, we** *truck* **vegetables to market. We may stop for lunch at a** *truck* **stop.**

17. fejezet (az eredeti könyvben) – 1500 alap Globish szó 5000-t „nemz"

Ez a fejezet azzal foglalkozik, hogy képes a Globish – és az angol – új szavakat létrehozni az alapszavakból. Alapvetően 4 módszer van arra, hogy szavakat hozzunk létre az alap 1500 szóból:

1. Két szó összeillesztésével, úgy mint: **osztály+terem=osztályterem**

2. Betűk hozzáadásával a szavak elejéhez vagy a végéhez, úgy mint: **lehet + etlen = lehetetlen** vagy **gond + atlan = gondatlan**. Sokszor ez megváltoztatja a szófajt is, mint amikor a **gond+atlan (gondatlan)** egy melléknévvé válik.

3. **Sokszor** ugyanazt a szót, mint **főnévet, igét** és mint **melléknevet** is használják. *Kamion*t **vezetünk. Azzal** „el*kamion*ozzuk" **a zöldséget a piacra. Megállhatunk ebédelni egy** *kamion*os

4. Phrasal Verbs combine with prepositions to make different verbs, like: get up (in the morning), take off (from the airport runway), or put up (weekend visitors in your extra room).

4. Elöljárós igék összekapcsolódnak elöljárókkal, hogy egy másik igét képezzenek, mint: felkel (reggel), felszáll (a reptéri kifutóról), elszállásol (hétvégi vendégeket az extra szobádban).

Chapter 18 (in the original book) - Cooking With Words

In addition to giving you enough words and ways to make more words easily, Globish uses **simple English grammar**, and avoids long and difficult sentences.

It stresses **Active Voice** sentences, but allows occasional **Passive Voice**. It uses the **Imperative** and the **Conditional** when necessary.

Globish uses **6 basic verb tenses** all the time -- the **Simple** and the **Continuous** for the **Present**, **Past**, and **Future** and four other verb tenses occasionally.

18. fejezet (az eredeti könyvben) – Főzés szavakkal

Azonkívül, hogy elég szót és módokat ad további szavak könnyű képzésére, a Globish **egyszerű angol nyelvtant** használ, és kerüli a hosszú és bonyolult mondatokat.

A **cselekvő igealakot** hangsúlyozza, habár alkalmanként megengedi a **szenvedő igealakot** is. Használja a **felszólító módot** és a **feltételes módot** is, amikor szükséges.

A Globish **6 alap igeidőt használ** mindig – az **egyszerűt** és a **folyamatost jelenre, múltra** és a **jövőre**, és alkamanként további 4 igeidőt. Különböző

163

Different sentence forms are used for **negatives**, and for various kinds of **questions**.

LEARNING TOOLS - *Globish IN Globish* is an interactive set of Lessons in Globish at www.globish.com and many others will follow there.

mondatszerkezeteket használnak a tagadáshoz és a különböző típusú kérdésekhez.

TANULÁSI ESZKÖZÖK: *Globish IN Globish* (Globish Globish-ul) egy interaktív leckesorozat Globish-ul a www.globish.com oldalon, ahol sok másik fogja ezt követni.

Chapter 19 (in the original book) - Say "No" To Most Figurative Language

Idioms and Humor are the most difficult parts of a new language. Globish solves that problem by asking people to use very little of either. Idioms take hours -- sometimes -- to explain. Humor has not only language differences, but differences in culture and -- within culture -- ages and other backgrounds.

19. fejezet (az eredeti könyvben) – Mondj "nemet" a legtöbb jelképes nyelvre

A szólások és a humor a legbonyolultabb részei egy új nyelvnek. A Globish megoldja ezt a problémát úgy, hogy megkéri az embereket, hogy csak keveset használják azokat. A szólásokat – néha – órákig tart elmagyarázni. A humorban nemcsak nyelvi különbségek vannak, hanem különbségek a kultúrák között és – kultúrán belül is – korkülönbségek és egyéb más eltérések.

Chapter 20 (in the original book) - Globish "Best Practices"

Most of these are about people who know too much English for the needs and abilities of the largest group of people...those speaking Globish. So this chapter is about how a speaker must **take responsibility for the communication,** and **do whatever is necessary** to communicate the message. This may mean: speaking or writing **in short sentences, listening for feedback** to make sure of understanding, and **using pictures or physical motions** to help the users understanding of words.

20. fejezet (az eredeti könyvben) – A Globish „legjobb praktikái"

A legtöbb ezek közül olyan emberekről szól, akik túl sok angolt tudnak, az emberek legnagyobb csoportjának a szükségletéhez és képességéhez képest... azokéhoz, akik Globish-ul beszélnek. Ez a fejezet arról szól, hogy hogyan kell a beszélőnek **vállalnia a felelősséget a kommunikációért,** és **bármit megtennie ami szükséges,** hogy kommunikálni tudja az üzenetet. Ez jelentheti ezt: **rövid mondatokkal** beszélni és írni, **figyelni a visszajelzésre,** hogy biztos lehess a megértésben, **képek és fizikai mozdulatok használata,** hogy segítse a használót a szavak megértésében.

Chapter 21 (in the original book) - Critical Sounds for Global Understanding

21. fejezet (az eredeti könyvben) – Kritikus hangok a globális

This chapter is about pronunciation and the sounds various learners have trouble with. The aim is not to please the English speaker, but to make sounds that everyone can understand. This means concentrating on the most difficult ones, and making them acceptable. There are several other findings in this study, one being that learners do not have to have perfect sounds to be understood in Globish, but they do have to have the right stresses on parts of words, and they do need to know when to substitute with the "schwa" sound.

Ez a fejezet a kiejtésről szól és azokról a hangokról, amikkel különböző tanulóknak problémájuk van. A cél nem az, hogy örömet okozzunk az angolul beszélőknek, hanem hogy olyan hangokat képezzünk, amiket mindenki képes megérteni. Ez koncentrációt jelent a legbonyolultabbakra, és azt, hogy elfogadhatóvá tesszük őket. Több más eredmény is van ebben a tanulmányban, és az egyik az, hogy a tanulóknak nem kell hogy tökéletes hangzóik legyenek ahhoz, hogy megértsék őket Globish-ul, de a helyes hangsúlynak a szavak részein meg kell hogy legyen, és azt is tudniuk kell, hogy mikor kell a „schwa" hanggal helyettesíteni egy másikat.

Chapter 22 (in the original book) - Globish in Texting

The Internet provides an environment that is excellent for Globish. Its messages are

22. fejezet (az eredeti könyvben) – Globish és a rövidítés

Az internet egy olyan környezetet biztosít, ami tökéletes a Globish-nak. Az

cut down to basics of English words because the messages are often charged by each little character over 160. So if love can become luv, u might save enough of ur money to visit the one u luv, just by shortening most words.

Texting is used in e-mails, chat sessions, instant messaging, and of course on mobile phones. Globish seems to have the perfect structures and numbers of words to be the text basis for people using the Internet.

üzeneteket angol szavak redukált alakjára rövidítik, mert gyakran minden egyes 160-on felüli karakterért külön kell fizetni. Így ha a „love" (szerelem) lehet „luv" is, lehet hogy elég pénzt meg tudsz spórolni, hogy meglátogasd akit szeretsz csak azáltal, hogy lerövidíted a legtöbb szót.

A rövidítéseket használják e-mail-ekben, chat-ekben, gyors üzenetekben és természetesen mobiltelefonokon. Úgy tűnik, hogy a Globish-nak tökéletes szerkezete és megfelelő számú szava van ahhoz, hogy a rövidítés alapja legyen az internetet használó emberek számára.

Partial Resources

Források a teljesség igénye nélkül

Council of Europe (2008). *Common European Framework of Reference for Languages: Learning, teaching, assessment.* Retrieved http://www.coe.int/T/DG4/Portfolio/?L=E&M=/main_pages/levels.html , March, 17, 2009

Dlugosz, K. (2009) *English Sounds Critical to Global Understanding.* Pécs (Hungary): University of Pécs.

Graddol, D. (2006). *English Next.* London: British Council.

Nerrière, J. P. (2004). *Don't speak English. Parlez globish!* Paris: Eyrolles.

Nerrière, J. P., Bourgon, J., Dufresne, Ph. (2005) *Découvrez le Globish.* Paris: Eyrolles.

Council of Europe (2008). *Common European Framework of Reference for Languages: Learning, teaching, assessment.* http://www.coe.int/T/DG4/Portfolio/?L=E&M=/main_pages/levels.html , 2009. március 17.

Dlugosz, K. (2009) *English Sounds Critical to Global Understanding.* Pécs (Hungary): University of Pécs.

Graddol, D. (2006). *English Next.* London: British Council.

Nerrière, J. P. (2004). *Don't speak English. Parlez globish!* Paris: Eyrolles.

Nerrière, J. P., Bourgon, J., Dufresne, Ph. (2005) *Découvrez le Globish.* Paris: Eyrolles.

Other Sources

Jack Chambers, Toronto University linguist, as quoted in "Parlez vous Globish? Probably, even if you don't know it," Lynda Hurst, Toronto Star, March 7, 2009

Notes of appreciation:

Dr. Liddy Nevile, of La Trobe University in Melbourne, and our friend in One Laptop Per Child, contributed moral support -- plus extensive editing which made this book a lot better.

Web Sites with Globish Information

www.jpn-globish.com - Original Globish site (much of it in French)

www.globish.com - New Globish portal site

www.bizeng.net (2008 series of business articles written in Globish by David Hon.)

Más források

Jack Chambers, Toronto University, nyelvész, idézve "Parlez vous Globish? Probably, even if you don't know it," Lynda Hurst, Toronto Star, 2009. március 7.

Külön köszönet:

Dr. Liddy Nevile-nek, La Trobe University Melbourne, barátunknak a „One Laptop Per Child" programban, hogy hozzájárult morális támogatásával – és az alapos szerkesztéssel, ami sokkal jobbá tette ezt a könyvet.

Web oldalak Globish-ról szóló információval

www.jpn-globish.com - Eredeti Globish oldal (a legtöbb rész franciául)

www.globish.com - Új Globish oldal

www.bizeng.net (David Hon által Globish-ul írt üzleti cikkek 2008-as sorozata.)

Meet the Writers and the Translator

Jean-Paul Nerrière

As a vice-president of IBM Europe Middle East & Africa, Jean-Paul Nerrière was noted worldwide for his foresight in urging IBM to sell services instead of "selling iron". With IBM USA as a Vice President in charge of International Marketing, he was also using and observing English – daily – in its many variations. Nerrière's personal experience the world over enlightened him to a not-so-obvious solution to the global communication problem – *Globish*. Recently this has resulted in his best-selling books on *Globish* in French, Korean, Spanish and Italian, and the word Globish being known everywhere.

Nerrière has also been knighted with the *Légion d'honneur*, the highest award France can give.

Találkozás az írókkal és a fordítóval

Jean-Paul Nerrière

Mint az IBM európai, közel-keleti és afrikai alelnöke, Jean-Paul Nerrière világszerte el volt ismerve az előrelátásáéert, hogy ösztönözte az IBM-t, hogy szolgáltatást adjanak el „vasárusítás" helyett. Az amerikai IMB-nél, mint a nemzetkezi marketingért felelős alelnök, használta és meg is figyelte az angol nyelvet – napi szinten – sokféle variációjában. Nerrière egész világot átívelő személyes tapasztalata vezette el a globális kommunikáció problémájának cseppet sem nyilvánvaló megoldására, ami a – *Globish*. Nemrég ez egy *Globish*-ról szóló sikerkönyvben tetőzött, ami franciául, koreaiul, spanyolul és olaszul is megjelent, illetve a Globish szó mindehol ismert lett a világban.

Nerrière szintén ki lett tüntetve a *Légion d'honneur*-ral, ami a legmagasabb díj, amit Franciaország adhat.

David Hon

As a young man, David Hon jumped off helicopters in Vietnam and taught English in South America. He had an MA in English and thought that someday he would write about English as an international communication tool. However, a different direction, into the computer age, led Hon to develop the world's first realistic medical simulators. He won international awards and created a successful company, Ixion, to produce those computerized simulators.

A short time back, he came upon Nerrière's Globish ideas, and Hon knew that this book *in Globish* was the one he had intended to write long ago. Voilà...

Krisztina Dlugosz
(Hungarian translation)

After providing the study in Chapter 21 on Critical Sounds for English Pronunciation, Krisztina Dlugosz was an obvious choice not only to translate

David Hon

Mint fiatalember, David Hon helikopterekből ugrott ki Vietnámban és angolt tanított Dél-Amerikában. Volt egy MA diplomája angolból, és hitte, hogy egy nap az angolról, mint a nemzetközi kommunikáció eszközéről fog írni. Azonban, egy másik irány, a számítógépek korában, Hon-t arra vezette, hogy kifejlessze a világ első, élethű orvosi szimulátorát. Nemzetközi díjakat nyert és létrehozott egy sikeres vállalatot, az Ixion-t, hogy számítógépesített szimulátorokat gyártson.

Nemrégen, felfedezte Nerrière Globish elméletét, és Hon tudta, hogy ez a Globish-ul írt könyv az, amit már régóta tervezett megírni.

Dlugosz Krisztina
(magyar fordítás)

Miután rendelkezésre bocsátotta tanulmányát a 21. fejezethez a „Kritikus hangzók az angol kiejtésben" címmel, Dlugosz Krisztina egy nyilvánvaló választás

Globish The World Over into her native Hungarian, but to develop its first example of this side-by-side formatting that may be used in several future translations.

Dlugosz has taught English in Hungary and published a slide show on the Internet about Globish. Her degree from the University of Pecs` (Hungary) was in English Linguistics, and she has also studied in Ireland, England, and on scholarship in the US.

volt nemcsak arra, hogy lefordítsa a Globish az egész világ című könyvet az anyanyelvére, magyarra, hanem hogy kifejlessze a párhuzamos fordítás első példáját, amit lehet, hogy számos jövőbeli fordításhoz fognak használni. Dlugosz angolt tanított Magyarországon, és publikált egy slide show-t az interneten a Globish-ról. Diplomáját a Pécsi Tudományegyetemen szerezte Angol Nyelvészetből, és tanult Írországban, Angliában és egy ösztöndíjjal az USÁ-ban is.

www.ingramcontent.com/pod-product-compliance
Lightning Source LLC
Chambersburg PA
CBHW061722020426
42331CB00006B/1047